# 浙江沿海港灣圖 其一

## 杭州灣

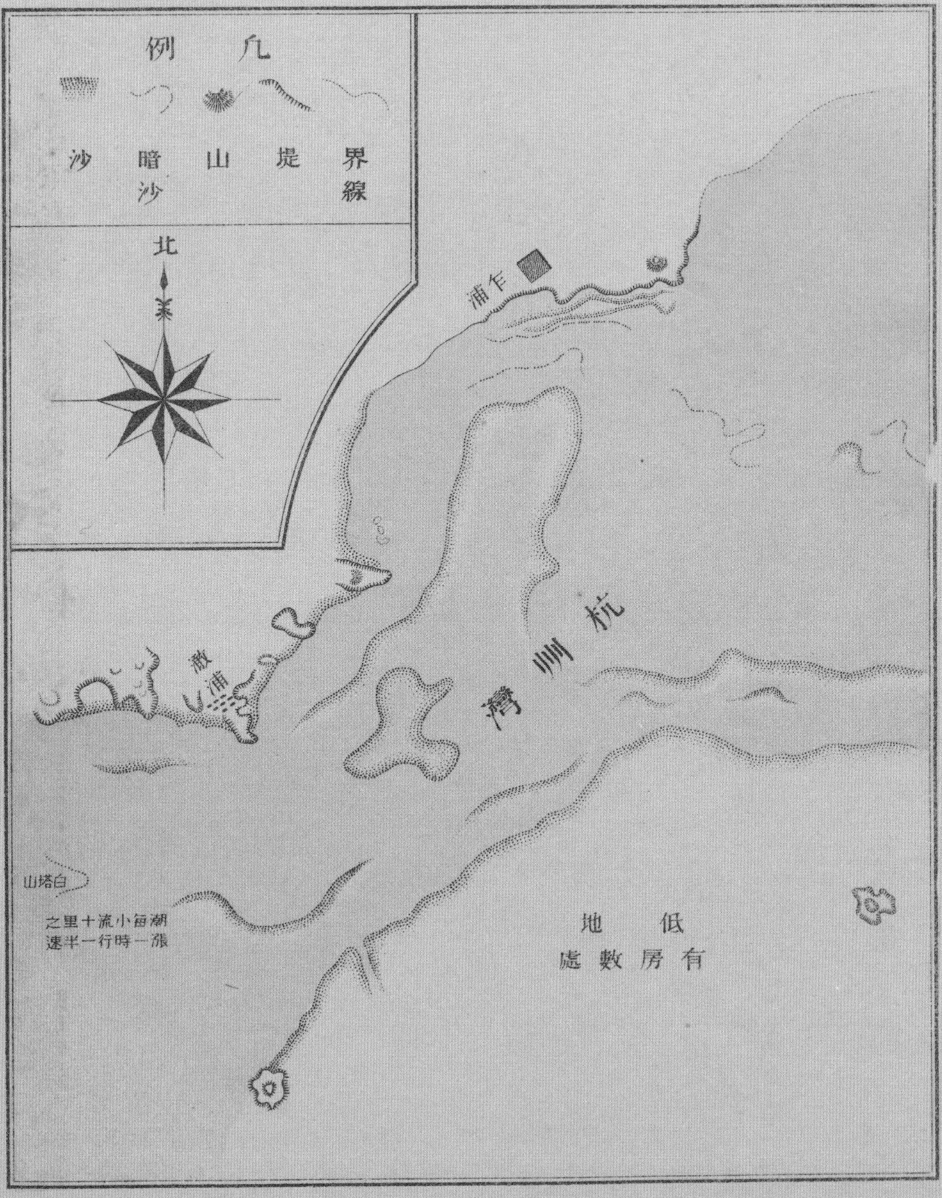

中國四大藏書之一

# 文瀾閣

（東京蛙木活版所製）

（其一）

## 蘇堤春曉

（其二）

## 平湖秋月

（東京並木活版所製）

# 本誌之體例

一本誌每冊以**八萬字**爲率所載各類及子目每期未能全登然一冊中至少必在**十六門**以上

一本誌月出一冊用洋式裝訂每冊定價**大洋三角**定閱全年十二冊**三圓二角**半年六冊**一圓七角**外埠酌加郵費

一本誌於癸卯正月二十日發行首期嗣後每逢**二十日發行**著爲例

一本誌以**杭州萬安橋白話報館**及**上海中外日報館**爲**總代派所**

一有願爲本誌**代派者**以二成酬勞函告本社自當按期寄送（函寄日本東京神田區駿河臺鈴木町十八番支那留學生會館轉交浙江同鄉會雜誌部）

一欲購本誌須先繳費後寄書代派所於本誌既出**第二期**後應將購閱定閱等費一律收齊彙寄本社否則一概停寄仍追取前費

# 浙江潮第二期目錄

癸卯二月二十日

# 目錄

# 目錄



售報價目表

| 全年十二册 | 半年六册 | 每册 |
|---|---|---|
| 三元二角 | 一元七角 | 三角 |

購閱十份以上者照半年例二十分以上者照全年例又定閱十分以上者每分價三元日本各地悉照前例八折內地郵費酌加

廣告價目表

| 洋裝一頁 | 洋裝半頁 | 一行（四號十七字五號二十二字起碼） |
|---|---|---|
| 五元 | 三元 | 二角 |

惠登告白者須於本編定期發刊之前交到價須先付登長年者年者當格外從廉

# 本會調查部緊要廣告

一調查部章程第十三節於省城設立受函總所于府城設立受函分所凡一府內函件寄交受函分所更由分所寄交總所交日本郵便局直寄本部願自行寄與囑託人者聽云云現以周折太多致多窒礙每府設立分所一例廢止不行各府縣如有熱心志士願擔任調查者請將大稿徑寄杭州省城總受函處較爲直截

一省城總受函處暫託汪君曼鋒經理寄信由萬安橋白話報館轉交汪君不至有誤

一承杭州傅君惠寄稿件並允擔任調查事來書誠誠懇懇曲諒本部籌費困難不願津貼信資幷不願收受例贈雜誌實屬好義急公至爲欽服惟擔任調查員敬贈全年雜誌一份本不敢云酬謝不過藉表同情除囑總代派所仍行照例移贈外合贅數語以誌高誼

一近頃以來內地寄稿甚多良可感佩惟稍嫌於調查體例不合頗有似日報新聞者故未能悉數刊登有辜盛意幸蒙恕宥

# 敬告我鄉人

攻法子

某謹白某以浙江同鄉會之一員借雜誌『浙江潮』之餘白竊欲有所貢獻於我鄉人思之有日矣顧某以久遊外邦之人挾最新之思想憑最新之學理欲與鄉人諸君策內地之治安諸君不以爲陳義過高即以爲外國事例不適中國也無疑雖然某未言之先願豫一言以解諸君之惑某所言者乃至普通之理且爲至易行之事世界各國均以之爲立國之基礎即中國自古至今事實上亦早有其端倪惟其組織不完備故各國由之而百事舉中國則反是自今以往若猶不思整頓擴充則雖日日言中國改革改革之實終不可擧而諸君之放棄國民責任咎無可辭諸君爲之若反掌然其事爲諸君分內之事而又爲諸君力所能及之事然則諸君姑一實

社說

行即可知某言之爲不謬也抑某所言者非僅爲浙江一省而已全中國之地方某願以同一之言告之并願諸省以同一之方法行之第以浙人對浙人則舍遠就近義所當然某是以先爲吾鄉人告而并望吾鄉人之爲天下倡

某今所欲言者無他即諸君所熟聞之地方自治問題是也地方自治之事實吾中國亦間有之姑置後論至確定地方自治之名詞昌言地方自治之必要者則近今之風潮也第某所惜者地方自治之議論日觸於耳地方自治之實益不見於世猶之日言民權自由而吾國民去民權自由之境界乃愈遠一般之人至引爲詬病而不敢道此其故何在不知民權自由之眞義與其實行之方法順序夫是以妄言之妄聽之政府疑其不利社會病其急激卒之受其害者乃仍爲吾國民雖公理終不可滅吾國民終有進於光明世界之一日而爲民權自由之鄉愿遲我數十年進化之期則某所深恫也地方自治之問題在今日如新出世之產兒其即能圓滿直進乎抑亦將一旦陷於悲境輾轉而始達其目的乎某以爲其責在諸君而已諸君諸君地方自治者諸君之天職也某以爲諸君之達於公理富於政治思想者其必

有熟考此問題。而深計前途之處置若何。以爲地方謀其福利。而爲國家盡其公職。則某之言。當爲諸君所樂聞也。某敢據其愚者一得之見。自附於芻蕘之列。即不然諸君之中。或有不認地方自治爲急務者。某猶敢強聒之。而必冀諸君之一悟。某不敏。請先爲諸君述地方自治之意義。

自治云者。對乎官治而言。近世之國家。其行政之機關。大別之可爲二。一曰官府。一曰自治體。官府爲國家直接之行政機關。以直接維持國權爲目的。如外交軍事財政之類。皆官府所司之政務也。自治體爲國家間接之行政機關。以地方之人治地方之事。而間接以達國家行政之目的。如敎育警察及凡關乎地方人民之安甯幸福之事。皆是也。直接之行政。名曰官治。間接之行政。名曰自治。此行政法上常用之語。而近世文明諸國。皆行之有其實例者也。自治之制。蓋所以補官治之不足。而與官治相輔而行。是故其國官治不振者。則事無統一。其國自治不備者。則事必廢墜。自治之精神。在以國家之公務。爲地方之生存目的。而以地方之力行之。故自治體者。由地方而言。則爲地方之行政機關。由國家而言。則仍爲國家行政機關之一部分也彼私人（對公人而言而個人之義）處理一己之事務而與公共無涉則無自治體之要素官吏執行公共之事務而爲國家之直接機關則無自治體之位置自治體云者以國家公共之事務視爲地方固有之事務而實行之公共團體是也故自治體又謂之公共團體欲舉自治之實必自組織自治體始後當詳述之知自治體之爲何物則於地方自治之意義其庶幾乎

其次請言中國今日地方自治之必要事實上之必要中國今日與各國不無特異之點至其原理則各國無以易也論自治必要之原理其最著名者爲德國葛奈斯特(Rodorf von Gneist)氏氏之言曰『社會與國家之間常有不能調和之衝突即貧富之界是也富者務擴張其勢力貧者務抵抗富者之壓抑於是利益之衝突起使任其自然之勢則弱老必爲强者所抑而自由將絕於世調和此衝突者國家之力也國家之組織足以抵制社會之勢力猶之人類之有德義足以抑其利慾之念也而取調和之手段行之最有實效者厥惟英國之自治制度蓋自治者使社會有勢力之各階級各擔任國家之行政由是義務之思想政治之知識浸潤於社會各

原素之中而代議政治之基礎乃固故自治者國家與社會之連鎖也』又曰『欲養人民奉公之念莫如使之從事於公共事務使人民無參與公共事務之機會則不至人人依賴國家謀一己之利而不顧國家之公益不止故民可使知之不可使由之實自治之格言也』又曰『欲布全國劃一之政則事事出於中央機關於施行之敏活則有之而期其適於實際之事情不可得也知地方之實情者惟地方之住民且地方之利益於地方之人有密接之關係故謀之最親切者亦惟地方之人故地方行政使地方之住民負擔之最適於行政之實際也其言大旨如是於自治之必要可謂深切透明而中國今日以某之見則必要之原因尚有二事如左

其一分政府之勞以速改革之事業

其二養人民之政治思想鍊人民之政治能力以爲立憲之準備

中國今日非改革一切不足以言自存此人人知之然改革之事必事事望之政府無論政府不能驟行即欲驟行而事情繁雜綜錯有萬非專恃中央集權所能勝任之勢且改革之進行以人材與經費爲要素以中國疆域之寥遠風俗之異宜政府

社說

不能爲地方得相宜之人此無論矣以言經費今使舉一事其關乎全國者則由政府籌之固也其關乎一地方者亦必由政府籌之則政府之求於民間者數民間未覩其效而徒見政府之日夕搜括也乃有不信任之意夫至民間不信任政府則改革之不能進步有斷然矣欲救此弊莫如地方自治以地方之人任地方之事則人易得以地方之事需地方之費則費易籌歐美之興商工業以分業爲最要着國家之行政亦然中央與地方分業然後責有歸而事無滯此某之第一義也凡國非立憲政體不足以列於第一等國人民非立於立憲政體之下不足以稱完全之國民此世界之通義矣雖然立憲云者非空談事也立憲政體之要素在人民之有參政權參政權者所以表國民爲國家之分子故有參預國家政治之職謂曰權利實則義務是也吾中國國民果何日始得此權利何日始盡此義務在今日不能預言然其準備則今日其時矣準備之事不一端而以達參政之資格爲要義凡關乎國家之政治苟爲人民分內所應爲者則即宜盡其當盡之責而爲練習之地步地方自治其首端也英國以憲政之始祖名於世而其基礎亦本於地方自治今日各國地

方自治之發達無有逾於英國者其明證也且今日立憲各國欲求憲政之完美乃益不得不致力於地方自治無他人民之參預政治大之則在組織國家機關小之則在組織地方機關其事互相聯絡未有不能自治而能治國家之大事者也各國且如此矧吾中國尙未達憲政之地位者乎此某之第二義也某以爲中國今日地方自治之必要無以逾此二義因此二義故自治不可以一日緩至自治必要之原理葛氏之言蓋盡之某無贅焉

其次請言中國地方自治之易凡改革之事業全無根基而待創辦者其事難有其端倪而但改良者其事易中國自古至今地方自治之事實固有其端倪者也某於世俗之言新學者往往以歐美之新法新理引古人之一二言以相附會以爲吾國固亦有此一若歐美今日之文明均爲吾國昔日之歷史者然以是爲足以投合吾國好古之心而冀其說之行某最不喜此某以爲歐美之新法新理大都爲近世紀之產物以進化之理推之吾國古代不宜有此無疑即文字上有相類似者其意義與其實質必大相懸殊也必欲牽强附會某懼其說之未行而聽者之將誤會其意

社說

也雖然苟其事爲歷史上有明證而現今事實尚繼續者某又安敢誣其必無也地方自治之在中國蓋可謂中國固有之事實矣西人某有言曰『世界各國地方自治最古而最發達者惟英國與中國』其言蓋實有所見惜吾國民日循其當然而不自知故無進步之望也中國地方自治之存在實有不可掩者某試舉一二以爲證中國地方各有紳士孟子所謂巨室是也凡地方之公事大都由紳士處理地方官有所興舉必與紳士協議紳士之可否即爲地方事業之興廢故紳士者實地方自治之代表也欲問中國地方自治體何在則紳士是已紳士所得干預之地方公事其範圍與各國地方自治體略同而時或過之如各國地方自治體無兵權而中國則有事時紳士得以辦理團練是也其他若敎育(書院等)若慈善事業(育嬰院等)若土木工程(道路橋梁等)若公共財產(所謂地方公積)等類屬於紳士之手者不可勝數故中國之地方自治眞有相沿於自然之勢有自治之實而無自治之名今欲昌明其制則所謂因業而非創業其事之易舉有昭然也德國義耳克氏一派之學說以爲『自治體之存在較國家爲古合種種之自治體然後成一國家』論者謂其偏重歷史

悖於近世國家組織之理蓋近世之國家先有國家然後有種種機關謂自治體先國家而存在非的論也然以言中國之地方自治則謂爲與國家同時並生蓋無可議特中國任其自生自滅故極不完備而極不鞏固耳某請舉中國現行地方自治之缺點畧一述之

由前之說中國地方自治之易行有固然矣雖然就中國百事中而言則地方自治一事似有端倪而易於着手耳若取自治之意義而嚴正解之則中國現行之事實果足稱爲自治而無愧與否某未敢斷也中國現行之地方自治其缺點不一而足而其最有害於自治之發達與自治之圓滿進行者則莫如機關之不備是也中國之可稱爲自治機關者前所謂紳士是已然紳士云者有自然人之資格而無法人之資格故集數多之紳士有時亦爲地方自治之代表而不能成一完全之自治體紳士之於地方公事蓋爲隨意的而非必然的其預聞與否由紳士之意思定之地方不能强紳士而爲之也故紳士之於地方若某事若某事自古相沿至今者則亦習爲之而不覺至欲興一新事行一新法則非有大熱心具大熱力者往往互相推

誘相率而不敢爲創又其甚者借地方之公事以便一己之私圖此尤數見不鮮者也夫以公共之事業而無公共之機關以維持之其弊不至廢而不行行而不善不止此不待識者而亦知之中國地方自治之基礎極厚而成効乃極少者無機關故也地方之無自治機關其猶國家之無政府烏乎其可行也故必知中國今日之缺點然後乃有救之之道救之之道奈何曰組織地方自治機關而已

義耳克氏有言曰『地方者小國家也』國家之行政有種種之機關是故有議院有內閣有裁判所地方之行政亦類是其在日本府縣有府縣會有府縣參事會市有市會有市參事會町村有町村會有町村長一言以蔽之各自治體莫不有議決機關與執行機關二種組成此機關者由地方人民之有公權者選舉之此二種機關其權限各不相侵一司議決一司執行地方之公事悉歸納於此二種機關之中故事無不舉吾國今日欲組織地方自治機關驟取各國細密之條例之規則一一移諸吾國此固勢所不能然於各國公認之大原則則不可不遵之而行不然機關之形式不具未有能舉其實質者也某以爲中國今日組織自治機關有最要者數

事茲列如左。

(一)就各地方固有之紳士聯合成一自治體

(二)自治體宜分議決與執行二機關

(三)分任機關之事者由紳士中互相投票公舉

(四)機關議事必以多數爲可決

(五)機關之職員悉爲名譽職

凡此諸項皆簡而易行。而實地方行政之大原則也。不如此則自治體不能成立。自治事務無由實行。中國今日之弊其前車矣。所以必就各地方固有之紳士者以一般人民尚無公民之資格故普通選舉之法不能不俟諸他日所以悉爲名譽職者使人知盡力於地方公事爲地方住民之義務非可籍此得利與爲營私之地也至於機關之必分議決執行職員之必由投票公舉議事之必待多數可決蓋爲處理公共事務不易之定則不待解釋而其理固有昭然者矣

如上所述。中國地方自治之根基其發達存在既如彼而今日實行自治之方法其

## 社說

簡單易行又如此然則中國之改革事業其前途之最有望者莫地方自治者也某是以不待煩言為諸君告某有言之責諸君有行之責某以一片熱心言之願諸君以一片熱心行之諸君諸君地方自治者諸君之天職也某敢重言之願諸君之無忘其天職而求完其國民之責任也某謹白。

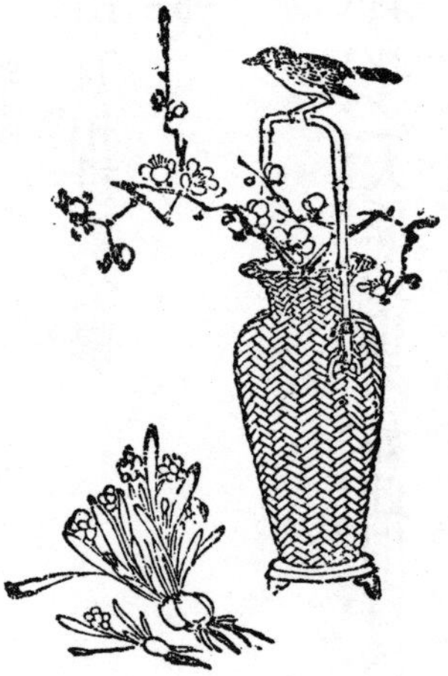

論說

# 民族主義論（續第一期）

余一

## 第一節　民族主義之定義

則更就非民族的國家之結果而論之又有二一曰分裂一曰委棄由前之說則瓦解之謂也由後之說則土崩之謂也夫一國而至于非土崩則瓦解則不成其爲國矣吾故得而斷曰非民族的國家不得謂之國雖然其分也其棄也皆發于國民之內力莫知其然而然者也而其出此入彼則又以當時地勢之分合與其國民能力之强弱以爲衡請詳言之

何爲分裂曰集多數人民以公同之力之志意向公同之目的發公共之行爲者則曰國而置一國于此其內容則鍵結無數之異族焉其思想不同其言語不同其風

俗習慣不同因此四者而利害乃相馳焉而感情乃相背焉而欲鍵而結之而出于公同無已則以政府之威壓力雖然自古及今有不亡之國者矣未有不亡之政府者也及政府之能力衰而民族的反撥性起吾證之于遠則羅馬是也彼雖能鍵無數民族于一國下然一時而已不轉瞬而亡也吾證之于近則蒙古是也彼能幷歐亞二大族而統一之然泡影焉彼之造國也以侵略征服爲原質侵略征服之國家未有不至于分裂者也雖然分不分又有地理之關係焉蓋非民族的國家而至于分裂必其地理之華奇破碎易于疆域否則幅員過大交通不便者也不然則政府之威壓力必强而其民流于委棄其次則能力之關係蓋國民必自認其建國之天職自知國之爲我有始能于政治上關心其利害而別結同族以建國不然則同國者同族可異族可我本與國無關係也知有我而已則亦委棄之類也若其民族之政治能力甚强其地勢又不適于分裂者而至于分則自近頃人爲力能遠勝于天然時或有之古無有也若其地勢適于分裂而人民之政治能力又甚薄弱者則必魚爛殘殺而相率于亡嗚呼吾讀印度史吾心傷矣

何爲委棄曰委棄者專制政治之結果人民皆推其國爲政府所有而不與聞其休戚也吾上言非民族的國家其內容之感情利害相背而必至于分裂固矣雖然當人爲力薄弱之時無論人心若何之刺激而終不得不屈伏于天然此亦勢之無可如何者也夫美與英本同族也而卒至相離論者得無以同族統一之說爲無徵乎而不知是實地理上之勢力有以强之也是故一國之內其人民之感情旣相悖而其地理又日趨于統一則中央集權之制發達必甚早而政府之能力乃利用其天然日益以强專制之政治必至于圓滿無缺而民間之能力必日衰當此之時則其人愚其氣衰其聲消歇君不知民民不知國各私其私乃置其國于無何有之鄉蓋雖無外族起而其國之亡也早矣故由分裂而强之統一由統一而乃用專制由專制而至于國民皆委棄其國嗚呼是亦一定之階級無所用其疑者矣吾是以知中國之中央集權制發達甚早蓋有由矣黃河流域一望千里其地勢則易于統一也而漢族自西方來其間本土之蠻族必錯綜繁殖不可紀極至春秋時尚有赤狄白狄之混雜中原蓋可見矣是故仲尼祖述堯舜倡大一統而尊王在當時爲審時之

談而後世用以爲利己專制之局定而五胡之禍來讀史至無聊處誠足與無窮之感而涓涓以悲也

準斯以談則立于今日之舞台而欲自存者可以見矣種類大競爭之世其種之死生存亡一視其所依之國之種類以爲衡國種而良也改政必易國種而否也改政必難不觀夫英乎英民族的國家也何其民權發達之早而立憲政治乃爲世界之母也不觀夫日乎日民族的國家也何其政治改革之速而三十年間遂雄視東方也不觀夫法乎法民族的國家也何其自由流行之速而雖疊經喪亂尙能光其祖國于今日也反之則如墺墺政之得改革何其遲也必待日耳曼伊大利匈牙利旣分旣去其所存者僅僅其本族而後始一得自由則如俄俄本不得謂之爲非民族的國家然終以函異族太夥故自由政策發達甚遲十九世紀中終不能雄飛于世界則如印度而今亡矣總而言之今日歐美之政治教育制度軍事有所謂立憲政治者有所謂國民教育者有所謂自治制度者有所謂國民皆兵者苟行之于非民族的國家則一步不能行一事不能舉淺見之徒輙拾其一二新說以矜矜自得而

不知本源之所在耗矣哀哉

噫台灣之民印度之遺吾常一見其影而淚泠泠下曰嗟乎此亡國之民也夫彼亦何不可曰吾之國爲大英爲大日本煌煌乎有名譽于世界也曷嘗亡然則吾向者之言爲無當乎亡國與不亡國其界何在普天下好男子爲吾下一斷語來

## 第二節　民族主義發達之歷史……事業的

嗚呼以一私人之經歷且然曾謂世界莫大之事業之主義之發達而乃能免于是蓋必千折百回一挫再挫有停辛佇苦者百年而後濟者矣當其時之未至君相屹之學士非之鄉愚笑之涓涓之泉一若一手可以遏之者而一轉乃至以萬丈之氣餤磅礴天地所謂豪傑所謂君相竭曠世之才盡萬衆之力曾不足以當其一噓而匍伏其後爲之執鞭者乃舉世而仰望之曰英雄哉豪傑哉而試問孰則胚胎是孰則提攜是世有讀瑪志尼加富爾俾士麥格蘭斯頓之傳而欣欣思羨者乎盍一讀我民族主義之歷史

民族主義者十九世紀之產物而亦其主人翁也維也納會議成、民族主義與自

論說

由主義之大過渡及法國第二革命起而全歐之機大動而墺意戰而德墺戰而墺匈戰而德法戰而東方問題而愛爾蘭自治及其將終而英阿之役美西之役日本之維新義和團之擾亂落落諸大事無一非由是民族主義者磅礴衝激而成故一部十九世紀史即謂爲民族主義發達史可也雖然吾究其源吾不得不先言法國大革命何以故則以法國大革命爲十九世紀之先聲而民族主義與自由有密切之關係故

十七世紀中和蘭以區區小國張獨立之旗沐血雨者三十年卒以成功是眞民族主義之先聲矣雖然自由之時代終未經過故影響未及于全歐焉

吾今就民族主義發達之跡而順序之其在歐則十八世紀之末爲民族主義發動時代而演其本題于十九世紀其在亞則十九世紀之末爲民族主義發動時代而演其本題于二十世紀列表如左

●民族主義

- 歐洲
  - 胚胎時代
    - 法國大革命
    - 拿破侖之功業
    - 維也納會議
  - 過渡時代
    - 伊大利之反動
    - 日耳曼之反動
    - 匈加利之反動
  - 成立時代
    - 伊大利統一
    - 日耳曼統一
    - 愛蘭問題
    - 東方問題
  - 膨脹時代
    - 非洲之分割
    - 亞洲之趨勢
    - 太平洋之大勢
- 亞洲
  - 胚胎時代
    - 日本維新
    - 義和團

### ●胚胎時代

一 法國大革命　吾言民族主義何以必推源于法國大革命曰民族主義與專治政體不能相容者也民族主義之大目的在統一同族以立國然茲所謂統一云者志意的統一非腕力的統一也共同的統一非服從的統一也而非民族的國家所以不能成立者蓋謂其族既不同則其志意必不能一而分裂委棄之事必不能免也若專制政體則何有矣其志意出于一人其統一由于兵力夫既可委棄焉服

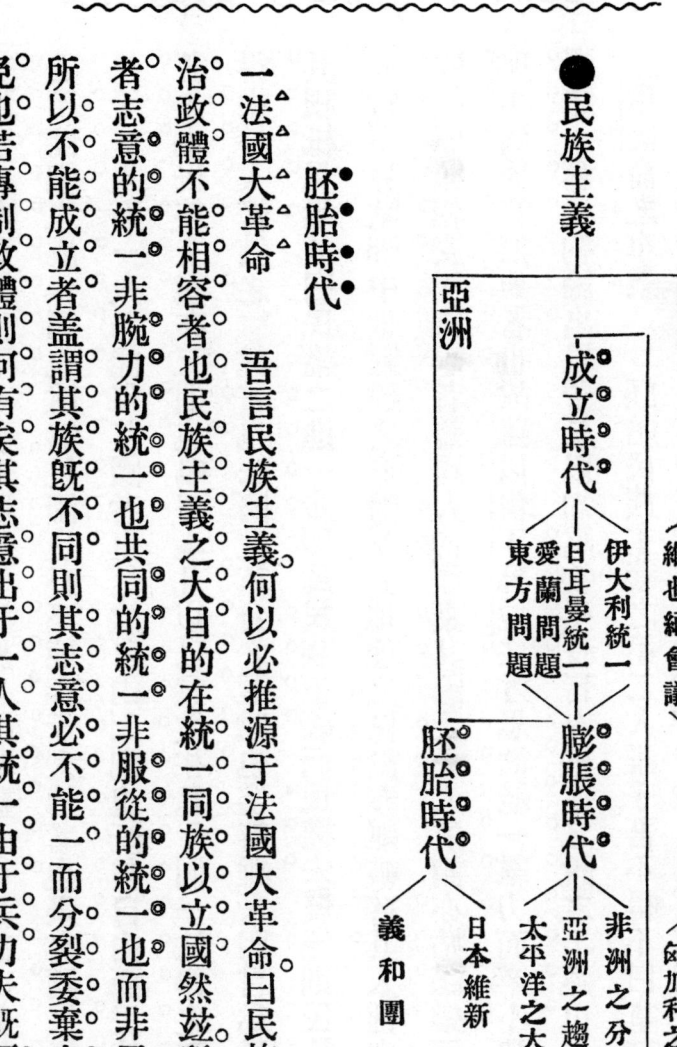

論說

從焉于一人則又何不可委棄服從于異族是雖羣數十百異族苟其能服從則未有不能强之成一國也雖然是國也必不能存于大地者也未有國民皆委棄其責任于一人而一人乃能保其國者也是故自由天則也既言自由而民族主義之根蒂生也民族主義亦天則也嗚呼『凡以已意欲生息于同一法律之下之國民不得由外人管轄之』玆言也法國大革命之產物也當時雖未明言爲民族主義而其根柢見焉故曰民權之進一步即爲民族主義而民權未發達則民族主義必不能行不見歐洲中世封建之形勢乎其地理之區劃華離破碎其人種之統治錯雜變亂而顧相安于無事者蓋國人皆委棄其國于一人所謂亦姑謀樂何憂無君國與不國與我無與者也故雖以但丁郭拉之才思欲統一羣力而卒不興而必待盧騷之一篇民約論出君子是以知萬物生長皆有秩序之說之不誣也

二拿破侖之事業　　胚胎民族主義之第二人誰乎吾不得不曰拿破侖拿破侖者受民族主義之一噓而倒運者也彼張民權之旂幟而欲建一非民族的大帝國卒以至于亡則是敵也曷謂爲其母曰拿破侖者間接以造成民族主義者也法國

之第一革命也自由只布于全歐空氣中未嘗有實在影響也及拿破侖起張民權之幟而蹂躪全歐歐洲君主欲與拿破侖敵而民權之幟則又爲各國國民所想望于是其君主欲用其民不得不默許其人民之權利其立憲法也設議會也蓋爲拿破侖之勢力不可嚮邇將欲敵外不得不維繫民心其爲計也雖非出于自然而全歐民權之機轉矣而拿破侖所到之處則又爲之布公約改制度使實獲自由之幸福蓋實則不過拿破侖與歐洲君主爭權力而自由之巨靈適乘其間以日益長大民族主義之風潮殆躍躍將出現矣試言其實則首伊大利伊大利者自由政治發達甚早而又受異族之禍最毒者也故民族統一之思想發達最早軍人夢之詩人夢之政治家夢之徒以一族之內分爲無數小國從未習一政治統一之經驗故其思想終不能驗之實事及拿破侖并之爲三而政治上統一運動之習慣熟又以秩序之法制善良之民政一一見諸事實後日統一之基于此大定則拿破侖實伊大利之功臣也此一也其次爲日耳曼拿破侖之征普魯士適以激普人之愛國心也彼見夫各邦分立遂以招拿破侖殺伐之大慘而日耳曼統一之理想乃勃勃如燃

火拿破侖之有功于日耳曼者又至矣則謂拿破侖爲民族主義之原動力殆非誣也

三維也納會議　民族主義之胚胎時代至維也納會議而圓滿矣維也納會議者拿破侖事業之反動也雖然當時各國國民與其君主各具一種心事其在日耳曼其在伊大利則以非常之熱心皆想望曰玆會之結我國民其庶幾得統一乎昔既爲拿破侖所制所分而今去矣統一哉統一哉諸國必不負我自餘諸國國民則又想望曰玆會之結我國民其庶幾得自由乎昔時用我攻法之時固默許吾以權利也而今功成矣自由哉自由哉諸君主必不負我噫嘻果如是望則民族主義可告成功于此時矣而不知彼會議之主人翁梅特湼乃又有一種心事在也梅特湼非不知民權者也非不知民族主義者也雖然彼以爲吾墺之所恃爲大國者以合異種故耳苟民權既倡則民族主義必發達而日耳曼而伊大利而匈牙利不崇朝可以解散而墺亦不崇朝而可以不國也況今日者拿破崙已敗既不如昔日之有所要求于民雖食言焉彼未必即能抗我也則專制而已矣全歐國民初以非常

之希望歡迎此會而其結果乃如是于是忍毒含垢而心愈沸氣愈逆梅特涅所謂『有害的民族主義』已磅礴鬱積于心中而不能自制矣

## 過渡時代

千八百四十八年巴黎之第二革命起積維也納會議以來之奇怨殊毒忍之又忍耐之又耐春雷一聲而日耳曼之反動起而伊大利之反動起而匈加利之反動起

一日耳曼之反動　日耳曼聯邦成立之大困難則墺地利與普魯士之疾視是也蓋墺非日耳曼人種也而領日耳曼之土地多爲日耳曼聯邦之主又久而普雖爲日耳曼人種又畏墺之强大不敢與抗此所以維也納會議之時日耳曼人終無統一之望而遲之又久以至于今日也自二月革命起墺國內部之騷大起梅特涅老朽僅僅以身免於是普乃乘之以謀統一召集各州開國民議會惜哉使當時之議員也使其決心專意俱服從普魯士以抗墺則日耳曼之統一指顧間也而不意各州互持其主權不肯相下政策一遲好機遂失適墺地利內亂已平遂從而作梗議會既決定不與墺合而墺政府遂有『墺決不能排除于日耳曼聯邦外』之

論說

命令普王畏墺而議會遂支離滅裂以散日耳曼統一之事業竟如春夢曇花一時消去矣雖然民族主義之至此時則固已深入人心有一瀉千里之勢焉

二伊大利之反動　伊大利之民族統一之思想發達最早而其事業則最難革命又革命騷擾又騷擾曾不知擲幾許之頭顱血肉乃始以易得其日所思夜所夢之祖國嗟乎讀伊大利建國史曾令人熱血增長五斗者矣維也納會議伊大利適爲列國之戰費取償物虎狼之墺直壓其首支離憔悴國民之困苦日甚而志士之舉動日益烈千八百四十八年半島中革命如燃火矣塞爾尼王亦乘墺國之亂大舉謀統一米蘭朗龍等地到處悉逐墺人以謀伊大利獨立瑪志尼亦于羅馬設共和國哀哉墺人既定內亂遂南征伊大利而塞爾尼王亦虎頭蛇尾終致失敗羅馬共和國亦遭蹂躪而伊大利族民統一之策又遭一大頓挫

三匈加利之反動　匈加利之合併于墺本非匈人之願也千八百四十八年以前亦屢叛不已及二月革命起而匈人遂烘然并起墺地利方以維也納本土騷動之故不遑他顧匈人之獨立政府遂成而斯拉夫之在巴愛米者亦羣起而謀獨立

日耳曼去。伊大利去。匈加利去。巴爱米之斯拉夫人種又去●昔日煌煌之墺地利。今乃一變而瓦解無餘矣。然墺王既藉軍人以平維也納之亂。又通欵于俄借力以攻匈人。匈人不支。墺地利各處之亂亦遂平。而各處所夢想之民族的國家。亦悉悉復其舊。

（未完）



他若有情吾能見
吾有情
更待向誰說

# 論說

# 教科書譯輯社刊行書目

日本東京神田駿河台鈴木町十八番地清國留學生會館

## 中學地文教科書

定價 大洋九角 洋裝全一册

滄海桑田變換不測說者謂造物之妙而不知實關至理日本神谷市郎以最新之學說明地球之搆造論證確鑿說理詳明不特爲教科中之善本抑亦研究哲理者所不可不讀之書也插圖六十餘幅俱用精緻銅板鎸成尤覺燦爛可觀譯筆亦暢達流利

## 中學物理教科書

定價 大洋六角 洋裝第一卷全

是書爲日本水島久太郎原著義烏陳榥譯補陳氏於日本帝國工科大學校肄業研究物理確有心得故能說理透闢措詞明達於數學公式尤所詳備洵理科之佳本也至其裝訂華麗繪圖精緻尙其餘事

## 中學生理教科書

定價 大洋八角 洋裝全一册

是書爲美國斯起爾原著暨陽何燏時譯補說理既精致證尤確每篇悉附試驗方法以供臨時參考插圖數十幅用最精銅板明細可愛洵中等生理教科之善本前此得未曾有者也

## 中學化學教科書

近刊

是書爲吉田彥六郎氏最新之作氏著著化學凡三種本編以法國化學名家奧世脫畫兒特博士之說爲主而參以平昔經驗提綱挈領透闢精深不沾沾於公式而公式自無不賅洽爲化學教科中傑出之書

## 物理易解

定價 大洋一圓 洋裝全一册

是書爲義烏陳榥氏撰旁搜各書博考學說插圖百八十餘幅說理簡明爲物理初步之佳本足與本社前出之中學物理教科書相輔而行

教育志叢第一編

# 青年教育

近刊

車之於輪舟之於柁四肢百骸之於空氣也猶教育之於精神也歐洲今日之種種科學有胎息於印度者是印度何嘗無教育而今亡矣曰惟無精神故有發源於亞剌伯者是亞剌伯何嘗無教育而今弱矣曰惟無精神故支那二千年來帝王提倡之儒生鼓吹之學界奴性根深柢固今當廿紀劈頭初優勝劣敗天演日亟青年青年苟猶蔑視人格隳落萬丈坑中而不一求解脫棟折榱崩嘵何及矣是書專激發青年使養成獨立自尊不撓不屈之精神爲主義爰亟譯之以餉我同志對症發藥或將是賴

教育志叢第二編

# 國家教育

近刊

嗟我同胞非問難於老學究即受業於宣教師而其結果甲則崇拜古人乙則崇拜外人求其卓然特立保我國粹者曠世罕聞是豈學於人之害耶抑不知所以學之害耳日本以學於我而開化學於歐美而進化其所以得成今日之日本者以其民皆以大和魂爲性質足以保其國之粹也是書爲日本初興教育之事雖事事借資於人仍事事不忘乎己洵足爲我國教育前車之鑑爰急譯之以供世之有心教育者

教育志叢第三編

# 教育原理

近刊

是書爲日本東京專門學校文學教育科講義抉歐美大教育家之精義網羅薈萃而成爲製造國民之基礎學凡體育智育情育德育及設立學校之原理靡不委曲詳盡言之娓娓經海門季君譯出言簡意賅文筆暢適我國志士熱心教育者果一閱此則理想之發達教法之精良什佰疇昔無俟贅言現已印成不日出書

教育志叢第四編

# 社會學提綱

是書爲美國吉登葛斯原著涇陽吳建常重譯自個人之交際以至團體之集合其間若社會之本質活動發達等無不探源握要闡述無遺理蘊精深譯筆犀利洵哲理中之佳品也

定價　大洋二角五分　洋裝全一册

# 江蘇告白

門類
圖畫一
社說二
學說三（政法、教育、軍事、衛生、實業、哲理、歷史、地理）
譯篇四（門目略同學說）
小說五
時論六
記事七（本省、內國、外國、留學界）
記言八
雜錄九
廣告十

刊例
一本識爲江蘇同鄉會所發刊以輸進文明於內地爲旨
一本識之編撰員由留學日本之江蘇學生擔任之
一本識每册約六七萬言洋裝百二十頁左右陰歷每月望日發行

售例
一全年售大洋二圓五角半年一圓三角零售每册二角五分遠處郵費照加
一欲購本識者請向本識總發行所或各分售處購取
一如有願代派本識者請函知總發行所十分以上九折三十分以上八折

## 第一期概目　陰歷三月望日發行

發刊辭
圖畫●江蘇同鄉會撮影
社說●江蘇改革之方針。理想之新黨。哀江南
學說●政體進化論。泰西教育家語錄。軍事學。說腦上。江蘇工業之前途
譯篇●釋盧騷非開化論。强兵一策。嚴鼈蛇傳
小說●破裂不全之小說。空中旅行
時論●黃禍豫測。其他
記事●本省要聞。內國要聞。外國要聞。留學界雜錄

日本東京神田駿河臺鈴木町十八番
**總發行所　江蘇編輯部**

上海四馬路胡家宅
**總經售處　文明書局**

# 新書豫告

近已付捽
不日出版

嘉定夏清貽頌來著
中學地理教科書
內國之部

義烏陳榥樂書譯
中學代數教科書
上下兩册

臨桂周家彥筱甫著
中學幾何教科書
全一册

教科書譯輯社白

政法

# 敘德俄英法條約所載「高權」及「管轄權」之評論因及「舟山條約」之感慨

芙峯

契約者個人之關係條約者國際之關係其義初無懸殊也故締結條約或委諸君主或委諸大統領之手而履行之義務是在國民猶之締結契約者或託諸家臣或託諸司事之手而實踐之義務是在主人故使條約而非得國民之同情是謂專制猶之契約而非得主人之同意是謂擅恣烏能爲締結者諱也然而國民而不問條約之利害如何而帖然履行猶之主人而不審契約之損益如何而馴焉實踐若而國民若而主人恐亦不能自儕於知覺者焉

姑不論自黑龍江訂約以還所謂津門條約五口條約之約文能知者若干人即自馬關訂約以來所謂膠州灣條約旅順大連灣條約威海衛條約廣州灣條約之約文能知者又若干人在各國則宣示於政府傳載於報紙宜人人皆曉在吾國則藏諸總署編諸檔案宜無從而知之也玆得讀膠州　旅大　威海　廣州之約文因亟譯其大綱並引釋其通義以申儆於國民

租借膠州灣之條約曰

德意志國政府欲得通商航海根據地之故……………照長期租借之形式云云…………

割與（此文字注意）之地數方里及灣之周圍劃定之地域內苟非德得意志國之承諾雖經清國政府之命令不得舉行云云…………

避兩國間衝突以致有害邦交之故所在貸借期間中凡地域內之高權悉委諸德意志政府云云…………

租借旅順大連灣之條約曰

……特允將旅順大連灣二所及隣近相隣之海面租與俄國。惟中國帝權。不得稍有損礙。

……租期應自畫押之日始。控算二十五年。惟既已滿期之後………斟酌續租。

……一切俄人。應歸俄國大員一人管轄……如遇中國人民犯法。……應交中國國家最近之地方官審判。

威海衛之條約曰。

……租借地域內之管轄權惟大不列顛國（即英國）獨享其有租借地劉公島及灣內之諸島。凡沿灣十里以內之地域。惟英國得行管轄權以外之一定區域。英軍止有駐屯之權利。若威海衛市內。仍行清國之政令。

（觀其言外之意。如上記島嶼及沿岸租借地之區域內。而英國之管轄權愈牢不可破。所謂管轄權者包立法行政司法而言）

廣州灣之條約曰。

清國以法國停船貯炭之故將廣州灣九十九年租與法國但租與地內法國不得妨礙清國之主權

租借期間中該地域內之管轄權惟法國獨享其有………

租借地之住民俱立於法國保護之下………法國於該地域內得講防禦方法………

法國以管轄租借地及海港之故一切規則皆得自由發布之權………

條約之字面我國之主權儼若與租借國(俄德英法)之高權及管轄權相峙並立何其言甘而辭餂也試問主權之與高權及管轄權果能相峙並立否耶我願與當世有名國際法家一論定之也我願與我四萬萬同胞就租借地之行狀而一一實按之也

主權者何|臘蚌脫氏曰主權者表國家最完全之國權之性質|查路恩氏曰主權者國家之最高無上之特徵具不受其他制限之性質者也

高權者何原來爲君主或諸侯之特權之名詞今則移爲國權作用之稱號矣所謂

領土高權租稅高權是也若德意志於膠州灣之高權則併行政立法司法之三權而有之也

管轄權者何譯自英法語也僅指司法權而言今則英法於威海衛廣州灣之管轄權又兼立法行政而具備者矣

果如是立法司法行政之三權已屬於租借國（俄德英法）而謂我國之主權猶留我誰欺欺天乎嗚呼國家之存亡視乎主權主權之存亡視乎主權之能力及性質所貴乎主權之能力者有立法司法行政之作用今既三權之不屬矣所貴乎主權之性質者有最高無制限之程度今既受其他之約束羈絆矣失其性質喪其能力其爲消滅也必矣西人一則字之曰『**消滅的主權**』再則字之曰『**裸主權**』嗚呼消滅也裸也而猶得謂之主權乎毋乃謔而甚者矣譬之於人去其頭顱去其胸體去其四肢則人身之何屬而主權猶是也去其立法權去其司法權去其行政權則主權之何存宜不待智者而決也

英國碩儒國際法大家還斯脫來克氏之言曰

保護權與領土主權之區別證之以理論則稍異證之以實際無不同也雖名義之等差亦不可誣究之租借地之保護權既定不啻領土主權之意思表示矣故租借之着手不啻占領之着手蓋此後易掩列國之耳目易得列國之承認今日外交家保護權之定名誠選擇之至巧而至當者也

日本國法學名家法學士松原氏之言曰

近來歐洲列强乘老大支那國之衰敗而鷹瞵虎視圖之惟恐或後取之惟慮不及陽則託租借之名陰實収割讓之利德之於膠州俄之於旅順大連灣英之於威海衛法之於廣州灣莫不皆然酷矣哉『**狡猾的政畧**』甚矣哉『**非法律的文字**』其斯謂英雄欺人之手段者乎

一則極口導其定名之巧而當一則極口詆其手段之狡而酷此皆漠然無關係者之評論有如此而不知我四萬萬同胞之感觸如何也嗚呼高官厚祿食肉者鄙受外人之欺猶可言也而聲聲天下口口國家者受外人之欺則不可也童孺婦女受外人之欺猶可言也而號稱志士仁人者受外人之欺更不可也草野細民不知不

識者受外人之欺猶可言也而日日言自立時時講民權者受外人之欺愈不可也

嗚呼今日媚外者畏外者以及昧外者（指不知外事者而言）之如林如鯽固不足責者矣獨怪夫志士仁人充塞海濱名著鉅述汗牛充棟從未有「**鼓我民氣激我群情以策我對外條約之前途者**」此所以痛我士氣之衰民氣之弱而嘆息唏噓不自已者也日本有某文學博士其人者係社會學名家留學於歐西者有年一日吾友某君等訪其家彼博士謂吾友某君曰貴國雖一敗於法再敗於英三敗於日本近復有北清義和團之亂迭遭外國人之蹂躪然而外國人非所畏也尤不當媚也宜鼓舞民氣砥礪前途（含有復仇雪恥意）否則殊非國家將來之佳兆云云摯哉其言羞殺吾天下愛國之士者矣

或者曰子無視條約之明文乎蓋約文所載未嘗不言留保清國之主權也

吾亦反言以詰之曰汝亦無視條約之明文乎蓋約文所載亦未嘗不言列國之高權及管轄權之自由也姑不論條約明文所載之矛盾吾黨試平心靜氣探其究竟使以主權之文字爲重則所載之高權及管轄權等字樣可以無視使以高權及管

轄權之文字為重則主權之字樣可以蔑視決無相峙並立之勢故二者必居一於此矣或者惟前說之是與不佞惟後說之是邇不佞主張之論據就法理而論就列國租借地之現狀而論參互對照自信不疑失其性質喪其能力之主權『**消滅的主權裸主權**』但不得謂之主權前既論定矣更不容喋喋者也況乎列國（俄德英法）租借之意思何在憑其條約奉行其高權管轄權之實際方收得正當之權利否則何以達其租借之目的即失其租借之意思矣權利觀念之深如列國（俄德英法）者而肯出此乎更進而言之租借地域內清國之行政立法司法之機關（指官廳官吏而言）存耶否耶抑列國之行政司法立法之機關（所指同上）存耶否耶即如或者之說該地域內而留存清國之主權既有主權即有裁判權但無裁判官廨無裁判官吏如何以行裁判者耶恃條約之文面憑一已之想像而不信事實之現狀若而人者宜為彼碧眼紅毛之英雄所欺者矣嗚呼彼售其欺眞不愧為英雄我被其欺而謂之何耶而謂之何耶

或又曰子不明主權有體用之分如上所記條約清國得主權之體租借國（俄德、

英、法、)得主權之用。(高權是也。)
對之曰。子不聞鉼路排路氏之言乎。主權者。兼實力而備之也。苟離實力而言主權。不啻執泥塑木彫像而以爲生人也。不活動的主權而不得認爲主權。亦言之綦詳矣。且如子所持主權有體用可分之說。則乙國(譬諸俄國)可握甲國(譬諸淸國)之統治機關。吾子其願乎。抑天下有是情乎。
且上海等地。所用租界字樣。是爲私法上之法律關係。不過居留地之一形式耳。玆所云租借地者。乃高權行使之所關。爲公法上之法律關係。此義不可不明也。吾試列歐洲國際法大家之說。子亦當恍然以悟乎。
李士脫氏之言曰。
國際條約。採私法上法律行爲之式爲外形。而實行其高權之作用爲內容。往往而有。吾人不可徒眩迷其外形。而不締觀其內容也。如一千八百七十七年。瑞典之殺可脫排路脫來米島。賣與法蘭西。似私法上之賣買。實則國際法上之領土割讓也。又如一千八百九十八年。膠州灣之割讓。淸德條約。假託租借之名實非私法上之契約乃國際條約也匿其移轉高權行使之內容而露其九十九年租借之外形不惹世人之耳目是為外交家之手段而無妨於國際法者也（李士脫氏著國際法一〇五—六頁）

李士脫氏又言曰

往往託於承受占領行政之名義而為『傳來的取得』之事實（傳來的取得指由租借而割讓）凡此時之所謂國權繼續不過名義上云爾如墺國於巴士泥阿海路雞哀可赫那之關係然也英國於殺蒲臘士之關係亦然也德意志於膠州灣英國於威海衛俄國於旅順大連灣莫不皆然昔巴士泥阿海路雞哀可赫那之事在土耳其之明文亦有留保主權之說但此之所謂主權者法律上何等之意義蔑如也（李士脫氏著國際法六〇—六一頁）

李氏之言明快如是倘有李別路氏之論斷與李士脫氏之意見正同茲不贅述試進徵蘭路蒲甫氏之言曰

割讓往往由租借之形式而行如近時膠州灣以後諸例鑿鑿可徵者矣自今

而後租借權竟移爲確定的主權亦不言而自喩者矣

又曰此等形式最不傷人之感情眞妙手回春之良手段也

英國洛來恩士氏論租借地之關係而節錄其辭曰

自來國家對領土之主權有三種曰領土主權曰保護權曰勢力範圍邇來更有新式之一種是爲第四種曰租借權如一千八百九十八年德意志之膠州灣條約是也同時俄國即步德國之後塵而租借旅順大連灣首以二十五年爲期重許之以續租是不啻俾之以用益權矣英國亦援利益同沾之條件而租借威海衛法國亦不落人後而租借廣州灣

此等租借地之法律關係詳說甚難若論私法上之貸借權及用益權本不妨所有者之權利但今所謂租借地者豈得同日而語耶且如旅順威海衛猶爲淸國之領域耶抑屬於俄英版圖之一部耶不能不疑從來淸國與各國之通商條約凡於此等土地之關係其運命如何耶若至交戰之時此等土地之管領如何耶譬如淸英開戰之際英國能攻擊旅順港耶抑俄國能禁止英國之

攻擊耶恐租借地之關係日多一日正如覆水之難收若條約面上文字以領土割讓爲重大事件駭人聽聞不如易之以租借爲婉曲字樣易掩耳目此外交手段之結果而無他義者也不觀乎德國別洛伯爵在德意志帝國議會鼓其巧言如簧之辭曰清國政府於租借期間在該土地內之主權行動悉委之於德意志政府云云顧將來條約期滿之日清國之土地能回復否耶猶屬未來不可豫測之事苟試其豫測之辭恐對清國不免於失禮之嫌也（洛來恩氏著國際法三版六六七頁以下）

洛來恩士氏之言一則曰條約者乃外交家瞞着世人之手段不足深恃再則曰條約期滿之日清國未必能操回復之權按洛氏之措辭婉委但其眞意之所在以視李士脫氏李別路氏之名爲租借實爲割讓之說不相差池也自今以後列國之勢力樹植於該租借地區域內者日臻月盛而我國主權之恢復益難此亦事實之當然不待洛氏及兩李氏之言而知者也

嗚呼矛盾其文字婉曲其語句狐媚其手術盜竊其行爲甚矣歐西人士之欺我也

究以主權之法理證以實際之事實又廣徵諸名家碩儒之學說無不與吾人之說相印則又何有主權體用之說乎哉

顧我浙人也論及領土主權保護權勢力範國以及租借權之巧言欺我居心叵測我曷能無桑梓切膚之痛而念及『**道光二十六年三月九日**』之一**大事件乎**』我鄉父老猶記及之否耶曰『**舟山條約**』是也舟山島與英吉利之關係世界所共聞而條約原文爲從來所未見嘗搜索於一千八百九十八年蒲路蒲克雜誌第二冊第十七頁載有舟山島條約全文茲抄錄於浙江潮中俾我全浙人士之取閱者俯拾即是焉

舟山島條約之全文如左

Countrou between great Britain and China.

Signed at Bocca Tiris, April 4, 1846.

Her Majesty the queen of the United kingdom of great Britain and Irelland, and his Majesty the Emperol of China, having, what a view to the Settllement of all questions between the two countries and for the perservation of mutual harmony and good unterstanding, appointed as their plenipotentiaries that is to say.

His Majesty the Emperor of China, the high commissioner keying a member of the imperial House, a cabinet councillor, a guardian of the groun Prince, and governor-general of the two kuany Provinces.

The said plenipotentiaries respectively have, in pursuance of the above mentioned ends, and after communicating to each other respective full Powers, and finding them to be in good and due form, agreed upon and concluded the following articles.

## Article I.

His Majesty the emperor of China having, on his our part, distinctly stated that when in the course of time mutual tranquillity shall have been insured, it will be safe and right to admit foreigners into the city of Canton, and the local authorities Bing for the Present unable to coerce the people of the city, the Plenipotentiaries on either side mutually agree that the execution of the abaove measure shall be Post poned to a more favourable period; But the claim of right is by no means yielded or abandoned on the part of her Britanic majesty.

## Article II.

British subjects shall in the mean while enjoy full liberty and Protection in the neighbourhood on the outside of the city of the Cantou, within certain limits fixed according to previons magistrates comprising seventy localities, of which the names were communicated by the district magistraties to the British consul on the 21st november, 1845. They may likewise make excur sion on the two sides of the river where there are not numerous villages.

## Article III.

It is stipulated on the part of his majesty the Emperor of China that on the evacution of chusan by Her Britanic Majestie's forces the said islane shall never be ceded to any other foreign Power. (未完)

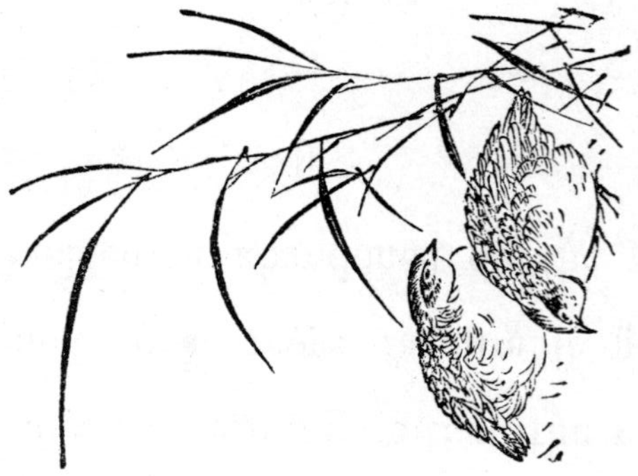

哲理

# 續無鬼論

陳 棍

三 禽而妖獸而妖虫魚而妖草木而妖一物妖則一方患之一方患妖則四方傳之傳之且復惴之惴之且復甚之而其間數見不鮮爲里諺街談所盛傳者尤莫如狐狐之妖也或云歲久而妖焉或云丹成而妖焉是二說也苟明動物學之公理者則狐之生命自有一定之限背是而妖不能也苟明藥物學之公理者則丹爲何物爲何元質所化合而成有何作用因是而妖不能也然而流俗且曰狐攝物矣狐現形矣言之鑿鑿不啻身接而目覩接光學云物体之色非物体所自有其原在于所照之光深夜無光時有物体亦不能見若一遇光即可知其有是物体因光綫射于物体又由物体反射至目而非物体所自能隱遁故也狐攝物時不蔽以他物耶則用此物体其反射之光綫必使物体照然可見苟蔽以他物耶則所蔽之他物其反射之光綫又必使物体照然可見是狐欲不竊而攝幾于攝不能竊也又按不可入

性公理云二物不能同時並居一位置函內之物人欲取之必先揭蓋蓋不啓則不能出之同時不能並居一位置故也韞櫝而失曰狐所攝啓鑰而取耶竊也非攝也神通不如狐而亦能也不啓鑰而取耶攝也非竊也神通甚于狐而亦不能也故攝物無是理也物体之變形可分物理化學二種一爲性質上之變化一爲形迹上之變化而性質上之變化以與他元質化合或物体分子之分解爲主形迹上之變化以受外界作用爲主皆非其物体所能自爲也狐則張王趙李皆可揣稱以出之從欲不踰矣因其所自主矣雖然孑孑爲蚊青虫爲蝶蚕爲蛹蛹爲蛾動物之變形未嘗無自主者在也烏知狐之變形不犹是耶詎知此不過其生命之時代自分兩界如孑孑、青虫、蚕爲自少至壯之時代則爲蚊爲蝶爲蛹爲蛾乃自壯至老之時代未聞孑孑已爲蚊而蚊可復反爲孑孑也且不必孑孑而可青虫可蠶又可蝶可蛹可蛾也例以狐之忽人而忽狐者固不符矣動物之有人也不知幾經層累進化而搆造乃臻于羣類之極吾不意人之層累進化始臻其極者狐乃倏忽進化而可以幾之且倏忽進化已臻其極者旋倏忽變化而不欲居之竊揆諸理而不之許矣傳之言曰。妖不自作。我之言曰。妖無由興。上古蒙昧。因而有魑魅罔兩諸稱。後世進化。勿沿其誤可也。

四 爐焚香。盂注水。首散髮。手杖劍。若有所思。若有所聞。觀者屏息不語。曰鬼神至矣。符咒所申召也。按聲學云。音之强弱與距離之自乘方相正比例。咒與語言同爲人所發之音。則同此空氣。傳咒與傳語言必無差異。人發大聲時。約可及里許。進此即非耳所及聽。試隔里許呼名。人輙不應。其明証也。諷咒時僅喃喃語。發音甚弱。且不能達里許。故鬼神而在近室也或聞咒。鬼神而在遠方也曷聞咒。其理明甚。雖然。烏知鬼神聽官。非具有一種特別之機能。而非人類所可比儗耶。是說也。吾可蒙上而一一言之。夫距離自乘方之比例。固一公理也。而遇阻面反射而弱。又一公理也。因風向之順背。而有易達不易達之別。更一公理也。尋常聲音之速度。每秒約一千英尺左右。其捷速不如光電即達矣。中已費時。亦一公理也。觀以上諸公理。有阻音之傳達者矣。有即傳達而不遽至者矣。相隔數百里。以咒召之。鬼神聽官雖甚聰。然其所及聽也費時。其聽而來臨也又費時。則鬼神之聽官杳渺不可攷。而可即其感通之速故知其謬矣又書字于紙而焚之生化合物書紙爲符而焚之亦生化合物紙同墨同雖筆劃不同而所生之化合物諒不致不同焚紙之化合物雖因紙而不同而爲二養化炭氣爲一養化炭氣爲水蒸氣餘剩物爲灰燼硅居多其大畧也灰燼落于地不能飛至他處請鬼神則能請鬼神者諒必在飛去之氣體矣然燒符生此氣體而燒他物亦生此氣體且空氣中本有此氣體空氣本有之氣體並與鬼無關係燒符新生之氣體乃與鬼神有關係無是理也燒符所新生之氣體足以請鬼神燒他物所新生之氣體不足以請鬼神亦無是理也然符咒萬不足以請鬼神而吾竊不解何則吾國之人欺以他事不信欺以符咒則信豈獨至符咒而其愚不可及歟或者曰吾國之人之于他事匪惟不受人欺且必欺人獨至符咒則不必人欺行將自欺而自欺實由于欺人夫惟我中國舉國相欺而符咒乃所以行其欺也

五　圜球九萬里渺無限廓無涯經線假定其東西緯線假分其南北星雲霞說假定其胎肇一自吾國人論之曰有五行之生尅焉有四時之衰旺焉有天干地支之定宮焉有六十四卦之成位焉有二十八宿之分野焉于是醫卜星相依附唾餘鬼

神界乃益支離而旁雜矣。而由方位之旁門。以爲今日之大害者。則莫如堪輿。鐵道鑛山均因之生障礙焉。攷周官墓大夫此載。與今西人墓地之制甚相合。方畝之地。後無所謂龍脈前無所謂案山中無所謂明堂左右無所謂龍虎而齊列之塚布列分行一行一列之中或相間而子孫之貧富不同貴賤不同穴地龍神之說安在也。又俗名業堪輿者爲風水師持羅盤行山谷間至則奠諸地指曰某水朝某字吉某煞臨某字凶。旁人咸唯唯聽。按磁氣學云磁針之偏角各處不同歷年不同而同在一處又因季候而不同因旦晚而不同使執風水師告以此理則彼非惟不瞠目結舌反將攘臂大言曰吾磁針固正指南北初何嘗有斯變更也方位之不可徑以磁針定略經航海者諒必知之而風水師顧不僅據以定方位且據以定禍福吁其謬也。至于五行之說不倫不類。試即其一而言之水爲輕氣養氣所化合而成非金所能生也因分解蒸騰而失非土所能尅也流而爲江河瀦而爲湖海非北方之地所獨多也則合諸五行所言水無一符矣溫帶分四季熱帶僅分二季以四季言可分勾芒、祝融、蓐收元冥以主之而分二季之地則孰二神有孰二神無其能若乎季候之異由地球表面對太陽位置之不同不明此理而曰神所主必以爲神夫亦神之已耳干支爲一種紀時法毫無他意流俗雖善于附會而以甲子亡以甲子興古創業君亦有明言其謬者矣易列于十三經斥其爲謬學究或譏其侮經井上氏之言曰儒教之有卜筮犹佛之有天堂地獄皆上知會其通者所不取矣二十八宿各自爲星各有軌道與地球表面上之一小部分毫無關係而燕齊趙楚以稱分野一見眉睫不見丘陵之解也故夫方位之說方且錯歧途詭流派囂然莫詰其所底止吾得一言以蔽之日牽强附會乃一種吾國人特色之性質而已

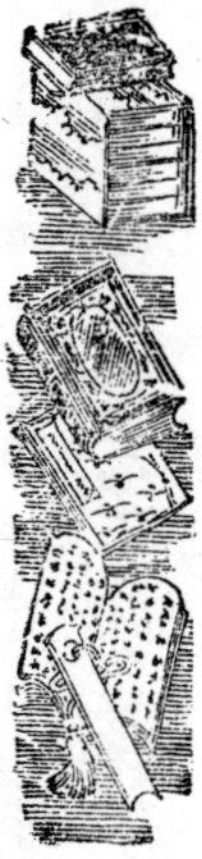

敎育

# 敎育學



不懸子

## 第一章　緒言

政治家胡爲乎運神經于內政外交。曰維國。軍事家胡爲乎擲身命于硝烟彈火。曰維國。實業家胡爲乎勞心力于農工商賈。曰維國。國之所與立者國民也。造國民者敎育也。人生之問題雖百。其流千。其流要皆朝宗于敎育。何以故。以一國之民皆弟子。一國之民皆敎師故。

所謂一國之民皆弟子者何。夫民爲邦本。本固邦甯。玆義也。吾中國人人能言之矣。雖然。昔之所謂固本云者。對于君而言也。若曰君而得民心者安。君而不得民心也則不安耳。其言也爲君告。今之所謂本也者。對于外而言也。本而能優也則存。本而劣也則亡。其言也爲國民全體告。而非爲一人一姓言也。夫民族競爭之世界。其本優則興本劣則亡若操左劵不可絲毫强也固矣舍劣就優厥惟教育而完全邦本尤非普及不爲功文明國之所以行强迫教育者蓋誠以國家之强弱一視國民之學問品性之程度以爲差而苟欲競自存者則非舉全國之民而悉教之不爲功也故雖以英人之富于自治力而近頃亦採用强迫教育之意嗚呼茫茫廿紀血雨腥風一失其時萬刼不復蓋立于此憂患之舞台者其自存之道有如是也

所謂一國之民皆教師者何夫科學亦夥矣于茫茫學海中而別樹一幟標其名曰教育教育者此其間固非無界限在也雖然吾就其廣義言之則一國之民固皆有教育者之責任也豪傑乎英雄乎其事業其精神何一非欲振蕩社會而改善之也是皆教育之影也就個人言之則教育者又已對于己之義務也是故父母而不教育其子則賊國民之分子也其有罪固宜而已對于己而不盡義務則又自殺之道罪不容于理者也舉一國之人而皆自殺而欲其國之興也得乎

嗚呼我國民亦知教育與國家之關係乎德將毛奇歸戰功于小學校之生徒而德皇威廉有輔朕爲世界主翁之語我國民亦聞之乎彼歐洲自社會變而古學復新

教創而科學精至十九世紀而新教育出自由風潮波及全部宗教臭味一掃而空人人愛國人人愛種而震撼環球左右世界之膨脹的教育由是產矣蓋自是以後莽莽廿紀非政治之競爭已也非軍事之競爭已也蓋實利益之競爭權力之競爭經濟之競爭要而言之則國民品性之競爭是也教師之講畫也在此弟子之勉勵也在此羣一國之民孜孜焉皇皇焉莫不以此爲鵠誠哉時勢所趨雖欲阻而無可阻欲避而無可避也睡獅睡獅將何以自處乎

嗟我禹域教育淵源已濫觴于四千餘載以前契爲司徒敬敷五教典禮典樂具有專職文化之早非偶然也中經喪亂一尊定而進步衰乃至頌新莽之德上書者至四十八萬人黨錮之禍至專尚清談盜酒裸體而不恥士風之衰頹也久矣然猶有望焉至若王猛之事苻秦崔浩之事後魏而蒙古蹂躪中原士人爭習其文嗟我黃裔廉恥盡矣試一翻劉漢以後之歷史忍棄宗國轉媚異族者後先相映更僕難數王猛崔浩猶其小焉者也嗚呼斯眞我國之大汙點也斯眞我國之大汚點也雖然亦奚足怪也黃裔四萬萬環而居者非蠻則夷非戎則狄所謂國家思想種族

觀念者本無由以刺激之也由自大心生排外性排外不克漸成奴性流毒至今宜其魚爛而不可問也今學堂有矣報館有矣譯書有矣而人荒如故心死如故者謂非腦毒之未盡耶睹異邦之現勢惘祖國之前途仰首西望擲筆久之

嗚呼哀哉我國而忍其亡也如不忍其亡則舍教育爲下手點其誰與歸

## 第二章　教育之定義

教育者何教育者對于被教育者定一貫之目的立美善之方法施實行之制度而舉被教育者之身體之心意之膽力之智德發達之陶冶之而持之以悠久者也有提攜導引之旨使之成高尚之人格爲有用之國民者則英語 Education 之義也含積極消極二意使之上達而成立制私而化惡者則德語 Erziehung 之義也

吾今開宗明義所當最注意者有一大事則須知教育者乃人爲的而非天然的也教育者乃用人力以强其天然者也吾中國民族之向來所受皆天然的而非人爲的也夫巍巍山嶽浩浩沙漠與夫氷窖雪地之區煎沙爛石之候無不足以潛移思想默化性質故鄰于山者野鄰于水者文其大較也雖然其影響無意的也其摩盪

天然的也不得謂之教育鳥獸之孵其雛養其狙或哺以乳或食以餌顧僅以本然之能遂其子之生活又非教育無容疑已野蠻之人逐水草設鞲幕茹毛飲血以相教養去禽獸亦幾希耳至若力田之農厚生之工固有益于社會非野蠻者所可比擬也然其對生徒也傳衣鉢耳授技藝耳于教育全體之眞義概乎未有聞也進而求之則有所謂家庭教育社會教育教育誠教育矣誠相須而不可缺一矣而無如于教育全體之制度猶不足以括之何也然則苟非如吾前者所謂定一貫之目的立美善之方法施實行之制度發達之陶冶之而悠久之也何足與言教育何足與言教育。

今將發達之陶冶之悠久之之義而先演之而以目的方法制度之論繼其後。

發達　有生理之發達有心理之發達一言以蔽之曰稟賦之發達稟賦之爲物也。溯其起源學說不一或謂彼蒼賦畀或謂祖父遺傳（謂乃祖父歷代之經驗相傳而愈進化之結果也）以科學論之其後說乎雖然前乎後乎皆非係于教育界者吾姑不與論要之人也者必有受教育之資格而其稟賦又必有一定之時最活潑而宜于發達者故研究其稟賦性質注意其禀賦狀態則教育家所當有事者也。

論禀賦之性質則主善主惡之說遠自周秦旁及歐美聚如鯽之哲學家而未有定。而教育學說亦因之以岐信性善者尙自然盖倫理的見地也唱性惡者貴矯正盖歷史的見地也雖然進化者萬物不易之大法也由陶汰之結果則適者自存不適者自去教育者對于一身而爲有智識之陶汰之謂也吾姑弗論其高且遠者而就我國民言之其社會也其風俗也嗟乎若參商若秦越而官如虎吏如狼可勿論矣雖有百孟軻千盧騷奔走號召如禹迹之所至吾亦未見其有效也盖其昔既受天然之教育根之于性組之成風俗流之于遺傳卒以成今日之民卒以成今日之國而苟欲矯正之陶汰之則前途茫茫未有紀極嗚呼可不奮耶

且利用時期亦教育者之責也人丁童年如春葩如旭日如驥足之初馳如鵬程之上摶非可愛哉然而多稼之田非無莠稗牛山之木或有荆榛發達之狀態發達之結果尤教育者所宜注目者也

陶冶　發達者就身心之有形上言之陶冶者就性質之感化上言之故發達所以

全個人而陶冶所以利國家人之于國家也如空氣不可須臾離離則夷此歐美乳臭兒所共知奚俟予之贅辭然而猶有說焉天行之虐酷于雹火種禍之積高邁哀峰（地球上最高之點） 考其故曰無國家推其極曰無教育知者知其然也于是立陶冶之方法蓋欲奪天行之爐侵造物之權以鎔鑄國民之腦薰化國民之心使之愛種愛國如愛其身十九世紀民族主義之排山倒海開千古未有之偉觀者蓋實教育陶冶之力有以致之也

嗟我黃裔疇昔之屈伏者可勿言而今則白種人之勢力二十世紀之風潮且麕集于葱嶺以東黃海以西之一方面庚子之役僅小試耳然而爲虎倀者有之稱順民者有之姑無論也姑謂其爲其不知也然而其知之者則又何如嗚呼吾不忍言矣雖以吾窮畢生之力唇焦而舌敝是區區者又何能與社會之風氣敵吾退而思其故吾蓋悟吾勸吾世之言教育者于陶冶二字三致意也

悠久 夫天行人治常相毀而不相成者也然天行劇而人治暫吾人僅以七尺之軀立于天演之中內界有競爭外界有競爭苟非堅忍不拔如哥崙布巴律西其人

者未有能建事業者也而況乎教育天下效之難見未有如教育者也然而苟見其效則雖舉天下至大之力無足以撼之者不觀夫白人之愛國心乎美之獨立也。華盛頓率十三州志士。激戰奮鬪。一敗于龍沽。再敗于夫蘭。飢餓迫身。怨聲載道。而彼能百折不撓。卒成偉業。意之再興也。三傑倡之。三派和之。一敗再敗。至流離海外。遯跡農耕。而志不少懈。卒建新國。吾于此、敬慕之情。不禁油然勃起也。今之稱志士稱少年者。平日有氣吞霄漢志開金石之貌。然一事當前輙拱手謝不敏矣稍上者或毅然一試。已而偶遭挫折亦復心灰意嬾如老馬之伏櫪如寒蛩之蟄居夫以此民族處于今日世界而不滅者亦云幸已。教育者宜如何乘此勢而有以自處也。（未完）

履霜之屬寒於堅冰
未雨之鳥戚於漂淫
痺勞之疾殆於癰疽
將萎之花慘於槁木

傳記

# 中國愛國者鄭成功傳

匪石

## 緒論

距今歲二百四十一年清祖入關紀元已十九周中國本部東西南北各萬里立於其朝者旅行於其市府者頁纓戴髻之倫爭奔走黃色龍纛之下或訶呼或嬉游各手「康熙元年時憲書」而哭故君迎新君且弔且賀不敢衰忽焉黑雲萬蕠升自海南一小孤島大星小星下墜如彈珠時則號聲大作轡淚嫋嫋瀰漫于我中國全部其嘈亂于太平之淫歌而不可復辨歟其雜入于中國南部之孤臣孽子之耳而不復成聲者歟嗚呼此何事此何事

則臺灣島主鄭成功永謝我中國民之歲也嗚呼吾國民以是歲橫渡大江西極滇境過郡城北門外徘徊故明桂王墓下不忍去上溯夏四月戊午王與諸妃嬪諸王子實殉國難於此于是甲申之歲北都亡越一年乙酉南都亡又一年丙戌閩浙亡

又十五年辛丑粵疆亡蓋終始相距僅十九年其未遠也而所謂中國本部二萬萬面積之土地乃爲博物館歷史部之名詞而所謂自黃帝以降所嫗育嬌愛四萬萬之子孫乃爲博覧會人類參考館之陳列品而奄奄以病！以羣病!!以死！以羣死!!……嗚呼其能勿哭其能勿哭

吾將哭鄭氏哭鄭氏所據之非地也哭鄭氏子孫之不卒也雖然其勿哭矣吾將哭吾國民吾國民負東方大陸之重擔又力不勝荷則棄之棄之而不復顧無復有一試負焉者有之仰指天俯畫地徒手跳踉弓不足一矢車不足一馬進無可據之寸地退無可守之尺土若是者其興也驟其亡也忽史家悲之掇拾以爲材猶慮不足焉吾惡乎能勿哭也今夫南都劉亞相宗周史閣部可法之徒接踵並起天下想望中興焉畫江議起遂即淪喪今夫浙金陵巳陷潞王已降忽大聲發於江上則孫嘉績熊汝霖起兵自餘姚張國維起兵自東陽錢肅樂起兵自鄞上今人所稱『浙江潮』者至是乃浩蕩澎湃於全浙之野勢盛矣卒大不幸而洩流於舟山狂濤落日君臣竊竊相對話衣冠顚倒無復常禮如是者二年（野史傳王自失浙閩以後以

海水爲金湯。以舟楫爲宮殿。陸處者唯舟山二年。御舟稍大。名曰河船。即其頂爲朝房。諸臣議事于此）今夫閩則唐王之所治。黃道周蘇觀生之流。並能以意氣相期許。昊天不弔。實產妖孽。王卒糾紛凝滯于「祭則寡人」之錯鐵案而身死於吾所傳中國愛國者鄭成功之父芝龍之麾下。而國隨以亡。今夫粵崎嶇滇蜀蠻獠雜處。搶攘竄越。幾不暇席。而猶支撐傾側至十五年者何也。曰以有良臣。故卒之蟊賊內訌屠殺忠直。而遺燼遂熄焉。當是時中國全部之孤臣孽子。乃心死。乃血熱。乃目竭。乃神往。乃大注意於海南孤島之英雄曰鄭成功。

我中國之歷史與世界異。故中國之英雄亦與世界之英雄異。雖然吾中國何嘗有國史。唯無國史。故可以髻髮。可以辮髮。可以忽髻髮忽辮髮。而不然者鄭成功答其父書曰『今來剃髮之國。便即剃髮。設來穿心國人。吾亦將穿心乎』其史爲世界所未有也。故曰鄭成功者吾中國之英雄也。唯無國史。故可以父秦可以子楚。可以子忽秦孫忽楚。而不然者鄭成功答其父書又曰『父自叛明子自忠明父勿能吾強也』其史爲世界所未有也。故曰鄭成功者吾中國自有之英雄也。有此二異。故吾崇拜世界之英雄不如崇拜吾中國之英雄何以故以吾中國數千年來之時勢之地位種種與世界殊絕故吾嘗讀法蘭西革命史而驚其民政之發達其排政府而護自由如獸走壙水就壑而不可止而鄭氏所爲未能是吾嘗讀英國革命史而驚其政府範圍界盖益縮小雖仍復王政而未有害而鄭氏所爲未能是吾嘗讀意大利獨立史而驚其局縮于非種專制之橐下而且破壞且成立以圖再造古羅馬之光榮而鄭氏所爲未能是雖然勿遽責之吾中國民族之智力之羣體其能如法蘭西其能如英吉利其能如意大利如其未能則吾中國民其勿大言世界之英雄矣非終勿言也吾中國果有鄭成功其人者衝決又衝決排蕩又排蕩使吾中國數千年來輕浮不正似雲非雲似霧非霧之妖氛盡散之於廣漠無人行之野而雷以震之風以蕩之電雨以衝激之久之又久乃始可歡迎世界之英雄而紹介於我東方大陸之舞場也故中國之英雄乃爲世界英雄之先導而世界之英雄又爲我中國英雄之後勁也故吾不得不曰中國之英雄乃鄭成功也

咄吾國民其凝望非中國土之臺灣其下拜二百年前中國已死英雄鄭成功其諦聽中國愛國者鄭成功傳

## 第一節 鄭成功未出世時中國之時勢

吾中國亂界有東西不可經南北不可緯之公例二

(甲例) 流寇——假王——眞帝

(乙例) 流寇═假王═眞帝

吾中國亂界又有東西不可經南北不可緯之特例一

外族〈流寇／假王〉眞帝

其公例(甲)則有流寇然後有假王有假王然後有眞帝之義也(乙)則流寇等于假王假王等于眞帝之義也其特例則外寇入爲流寇爲假王而皆有眞帝希望之義也以此二例而爲流寇假王眞帝三者之別則以佔地能守與否爲斷以佔年能久與否爲斷翻觀鄭成功未出時之中國。

第一爲黨社分爭時期　神宗之朝有騰天降淵而爲明末世紀鬼祟神歆之歷史之主動力者東林黨也其主魁曰顧憲成頹然一講師而已既憲成起爲總憲風裁乃大箸顧嘗曰『官輦轂志不在君父官封疆志不在民生居水邊林下志不在世道君子無取』彼能抉破數千年文字社交之薄習而主張清議冀得當以報家國亦上天下澤之機關社也方是時世人論者可分爲是東林非東林兩派

是東林派以結社講學爲主義曰應社曰廣應社崇禎初復社興於吳江幾社興于雲間間社興于浙西江之北曰南社其西曰則社又有歷亭席社昆陽雲簪社武林讀書社合會吳下以隸屬於復社自復社始設己巳之歲下迄辛巳凡大會者三四方來者萬餘人以其無法則無精神故氣節常不如東林（自復社以下者以估弟多少卜社事興亡）　非東林派以植黨伐異爲主義曰崑宣黨曰齊黨曰楚黨曰浙黨而其兇猛有大力之反動家則惟璫人憲成手嘗疏發璫黨崔呈秀之贓同黨楊左諸氏又交章劾璫璫忿憤乃以翻手爲雲覆手爲雨之手段而舉明史氏所指『挺擊紅丸移宫三大獄』盡移置於空洞無倚之東林而東林遂爲別嫌引讎之中心地

然則謂東林不亡。果足支殘明乎。曰。烏乎。然。東林黨者。乃無規則無用具之政學會也。其所引皆達官貴人。平民無聞焉。軍人無聞焉。刻言之。彼終未脫『老學究』之習氣。而于今世界所謂平民軍人兩主義。猶風馬牛之不相及。雖然。彼固以『忍苦』爲極樂。以『求死』爲究竟。而能自達其希望者也。吁嗟乎東林。吁嗟乎東林。偉然其人歸然其地。乃竟隨大明之江山以去

（此節未完）

學術

千年故國今誰主
吟也淒迷
夢也淒迷
掩卷故聞杜宇啼

# 大勢

## 二十世紀之太平洋

慧僧

### 世界一般大勢

噫二十世紀之太平洋！

今日之所謂帝國主義者非無意流行之名詞而人類社會緊切之事寔也所謂世界政策者非政治家之野心夢想而時代之精神與國際政局之警語也世界大勢旣準加速度之例以日逐於文明之競場而列國乃以國家爲生存競爭之本位整頓其軍政發達其工商業培養其經濟資力內以鞏民族之統一外以謀國力之膨脹策而國際政局之東漸遂如暗潮之潛流如猛火之暴發不知不覺傾注於數千年來沉寂無聊之太平洋而成爲列國競爭之中心點

## 大勢

今日世界各國傾其全力以經營太平洋者美則踰海而至俄則越陸而來若英若法若德皆經由地中海渡印度洋急起直追不遺餘力葱葱哉鬱鬱哉列國角逐之中心世界貿易之通路二十世紀之大舞台舍太平洋其誰與歸也

太平洋之出現于世界也自十九世紀下半期始至最近時代其勢愈趨而愈烈文明之潮流所傾注者太平洋也進步之氣運所推移者太平洋也試披覽地圖所區畫爲北太平洋南太平洋與夫波濤衝突星旗羅布之各島嶼數十年來變化之態度漸著向之棄而不顧稱爲無知蒙昧之南洋大陸今則有一萬五千萬英里之鐵道成每年輸出入十六億萬圓之一大市場矣向稱爲風濤荒險人跡罕經之孤島今則爲列國商船之停泊所及海軍之駐在地矣向之食人蠻族所盤踞之島嶼今則悉受支配而化爲樂土矣其進步發達之速直令人有不可思議者

請先言其南南太平洋之方面爲世人之注目者第一在英國重鎭之澳洲聯邦七十年以前歐洲人之殖民於斯地者不過八萬耳其內二萬餘人皆屬囚徒踞居於沿海之一角從事畜牧乃自千八百五十一年於巴沙爾斯脫發見金鑛以來澳洲

之殖民遂逐年增加至千九百一年一月一日新沙斯維爾維多利亞科士倫及南澳大利西澳大利達新馬尼亞諸殖民地組織白澳洲聯邦成行自治政而太平洋中龍跳虎擲之新國家又出現白澳者謂澳洲聯邦爲白色人種之殖民地非他人所能與有也

調查澳洲之貿易狀况五十年以前不過九千萬圓耳至千八百九十九年合新錫蘭之貿易而統計之輸入額約七億二千萬圓輸出額達八億九千萬圓且二十年以前其貿易事業僅行於母國（英吉利）及其殖民地之間而今日歐美各國與澳洲商業上之關係漸次緊切今計其每年之輸入品七億二千萬圓中由英國輸入者僅二億六千萬圓其餘則皆由印度錫蘭坎拿大斐伊西美德法白蘭支那日本香港等輸入也輸出品中約八億九千萬圓赴英國者約三億六千萬圓其餘則赴歐美亞各國也澳洲貿易之進步如斯之速與各國之關係如斯之重然則世界列國對澳洲之如何利害不從可知耶

英國於南太平洋之殖民地次澳洲聯邦而占重要之地位者其新錫蘭乎新錫蘭

大勢

在澳洲之東約距千二百哩之遙每年之貿易額達二億五千萬圓之上僅羊毛一項已約四千萬圓而澳洲之北如新尼阿者爲英德蘭三國之領有地島中山嶽既多土地亦豐沃而森林鑛業之屬尤屬不少英領新尼阿之首府曰巴德馬斯朋爲有名之良港與西德尼間開定期航路每年之輸出入額合計百萬餘圓其商業亦稱盛矣雖然西德尼者於商業上之關係猶淺而其於軍事上則實占重要之地位者也次澳洲新錫蘭而占同等之險要者有斐伊西群島島之數超二百其面積約四千二百五十方英里千八百七十四年屬於英國該島與外國貿易之物產以砂糖爲大宗今查其千九百年之輸入額約三百四十九萬八千九百圓輸出額約六百十九萬八千三百六十圓此外又有索洛蒙島新哈勃利德及沙麻阿群島之一部然則英國於南太平洋之方面其占重要之地位者亦可見已

雖然又有美國於南太平洋亦非常現膨脹之狀而聳動世界之視聽也千八百九十八年美國既併有布哇更伸其勢力於東方同年十二月以斐律賓群島及哥阿姆島均歸入其版圖中及千九百年英美德三國條約既成更占領西西伊拉島沙麻

河群島之一部於是桑港及美洲諸港至澳洲間遂有駐屯海軍之所沙摩阿群島亦軍事上之重鎭也美國既占領西西伊拉島平時爲安全之通商港戰時則爲鞏固之海軍地他日美國欲雄飛于東洋不得不占太平洋之勢力而今則巍巍然有雄視一方之概矣

雖然又有德德於南太平洋方面其始現活動之氣象者實在千八百八十年以後也千八百八十四年既占領新尼阿之一部同年得新勃利登及新愛蘭兩島即改名爲畢士馬克群島千八百八十五年併馬西阿爾島千八百八十六年與英國協商得索洛蒙群島中之三島千八百九十九年與西班牙結條約以八百三十七萬五千圓購加洛林馬來倍爾各島嶼加入其版圖千九百年更占沙摩阿群島中之烏巴爾沙維阿兩島爲領地夫德國於南太平洋之屬領地雖未敢云廣大然其實行殖民政策固無時獲暇也將來德國之勢力逐年膨脹固吾人所不得不共認者也則請言其北北太平洋方面其變遷之急激進步之神速眞有非吾人意料所及者以區區日本島國自維新以來未及半世紀即有如今日之發達始則由中東戰爭

揚國威於中外繼則因北清事變遂一躍與列強為伍今亦耽耽逐逐亦欲實行其帝國主義而俄羅斯又無日不整備軍旅欲遂其南下之政策始於旅順大連灣一試其手段他如西伯里亞及東清鐵道費多年之經劃漸次告成使太平洋各沿岸與歐洲之交通縮短至三週以內此亦列國所注目而驚歎者也英國於南方經營香港於中央擴張長江一帶之勢力於北方租借威海衛及經營秦皇島德意志亦銳意經營山東無時致暇遂使極東之老大帝國不期而成國際政治及世界貿易之中心也嗟夫睡獅睡獅世界之風潮日日衝擊乎其目其耳而乃酣然若無覩不再數年而寢爾皮而食爾肉可豫斷也

綜覽太平洋之全局將來之事變正未有艾而其競爭之中心點則北太平洋之方面也而支那適當其衝自中日戰爭以後歐美列強莫不銳意擴張其政治上之勢力與商業上之利益千八百九十八年而德國租借膠洲灣得山東之鐵道敷設權矣同年二月而英國立內河開放及揚子江沿岸之非割讓條約矣同年三月而俄國租借旅順大連灣同年四月而英國租借威海灣同月法國租借廣州灣同月日

本得福建非割讓之保證夫列國對支那占據政治的勢力既如彼雖然彼實欲行其經濟侵畧吸其血而收其膏也而非占據政治的地步則不能保護其商業利益非擴張政治的範圍亦無由振興商業的經營也

支那既化爲列强商戰之大市場於是注入資本以攫取商工業上之利益或開鑿其富源或要求其鐵道敷設權或索取其礦山採掘權而所謂和平的戰爭者乃日甚一日試調查支那之外國貿易表千八百九十二年輸入額一億三千五百十萬千百九十八兩輸出額一億二百五十八萬三千五百二十五兩至千九百一年輸入額二億六千八百三十萬二千九百十八兩輸出額一億六千九百六十五萬六千七百五十七兩僅十年間而支那之商業發達如斯之速若開放其全部爲世界貿易之中心並以其借入之外資與熟練之技術最新之科學勤勉之人民以經營農工殖林水產等事業更整備交通機關以便利其輸運則列强之利亦何疑焉此所以庚子以後經濟的侵畧政策定而列國對我之網羅乃愈烈也

商業勢力之消長與海上權力之興敗實有密切之關係故一國欲保護其貿易事

業而伸張其商業勢力則不可不振起其海權所謂欲制商權先制海權政治上之權力伸而商業上之權力亦隨之而振也今列國欲擴張商業勢力於支那而掌握太平洋之商權其不敢不先制太平洋之海權者亦出於勢所必然者也

然則二十世紀之大問題可稱爲太平洋海權問題矣惟將來何國得制太平洋之海權。何國得爲太平洋之主人。非吾人所能預言。而今日該問題。既關於列强勢力之消長故其競爭之熱度日形增加各國由東亞起艇經太平洋而達美國之航路。已立汽船會社者。凡九。今列舉其經營之狀況如左。

第一　坎拿大太平洋鐵道會社。有六千噸以上之商船。往來香港晩香坡之間。每年由英國政府給與多額之補助金。

第二　美國北太平洋汽船會社。有三千噸以上之汽船六艘。由美國太哥麥及布脫倫發航。經日本諸港以達香港。

第三　屬於美人管理之太平洋郵船會社。有汽船數艘。往來香港檀香山間。

第四　美人設立之卡列芬尼亞及東洋汽船會社有三千噸內外之汽船數艘。

往來卡列芬尼亞州聖荊格港及香港間。
第五　英國之支那汽船會社。有汽船數艘。從上海起碇。經日本諸港達美國之維多利亞達克馬及西阿爾。
第六　波士蘭及亞細亞汽船會社。往來布脫倫及香港間。
第七　英國東西洋汽船會社。有汽船三艘。往來香港檀香山間。
第八　日本郵船會社。有三千八百噸至六千五百噸之汽船六艘。往來橫濱維多利亞及西阿爾間。
第九　東洋汽船會社。有汽船三艘。其船舶屬於日本與東西洋汽船會社及太平洋郵船會社相聯合。共同經理。往來香港檀香山間。
更由歐洲經蘇彝士河。而達東洋。復由東亞至歐洲之汽船會社。列强亦爭先設立。以圖商業之發達。今舉其重要者如左。
第一　英國之比阿會社。有四千五百噸至七千四百噸以上之汽船九艘。往來倫敦上海間。

大勢

第二　德意志帝國郵船。由德國最有力之汽船會社北德意志魯伊德。及漢堡亞美利加兩汽船會社協同經營。有五千噸至一萬噸以上之大汽船九艘。從德之漢堡及波斐曼發航。經地中海沿岸與印度重要諸港。而達上海。復由上海赴美洲。

第三　法國郵船會社。有四千噸以上至六千三百噸以下之汽船九艘。往來法國馬耳塞及日本橫濱間。

第四　俄國義勇艦隊有三千噸至七千四百噸以上之汽船十數艘。每年由俄政府給與巨額之補助金。往來哇德塞旅順及海參威間。

第五　太平洋汽船會社。有汽船三十二艘。由英國之利物浦倫敦古蘭斯格相互發航。經由印度而達日本之橫濱。

第六　支那相互汽船航路會社。該社設置倫敦。有汽船數艘。由倫敦航海至上海。

第七　日本郵船會社。有六千噸以上之汽船十二艘。往來橫濱倫敦間。並得在白耳義之安特維爾浦停泊。

此外有澳大利魯伊德會社。英國西意阿汽船會社。古靈汽船會社。及日本郵船會社。並由南清赴澳洲數航路。

未完

# 大勢

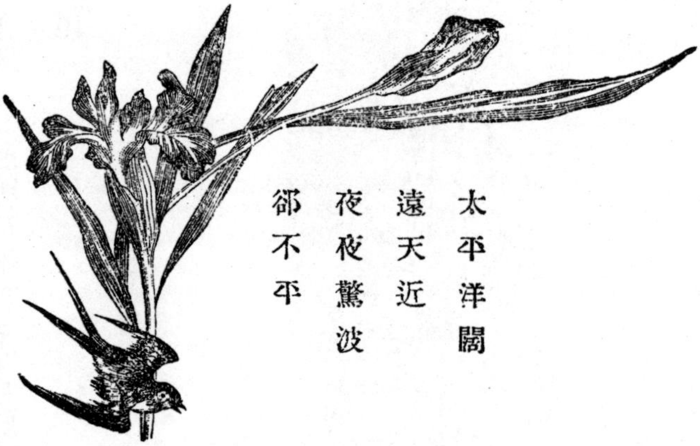

太平洋闊
遠天近
夜夜驚波
卻不平

各國內情

# 俄人之性質（續前）

飛生

其四世界大勢上之觀察點及其國之勢力範圍　自俄人之歷史的及地理的關係言之則與其謂之爲西洋的不如謂之爲東洋的蓋不僅俄人之血管中含東洋民族之血液多卽其境遇亦亞細亞的也自古俄人與東洋野蠻諸帝國相觸接或併吞或侵略無所不如意蓋俄人與東洋民族有自然之親和力混淆之統治之彼等有特別之天性也今日者其勢力範圍西自君士但丁東達太平洋北自北氷洋南至亞富汗而其部分大半屬于亞細亞嗟乎吾恐不待今世紀之終而俄人之勢力必直控東亞大陸而爲其主人翁矣

今日世界之趨勢文明之中心點果何在果何在則少壯有爲之四大新進國卽俄日美澳所圍之太平洋是也雖然二十世紀者經濟競爭之世界也西伯利亞鐵道旣與世界商業有大關係而俄人產業之膨脹又早于十九世紀中爲世人所注目

大勢

以歐洲南部之荒野一轉瞬而化爲繁榮之工業地以西伯利亞之荒寒一轉瞬而化爲世界之樞紐地而又以地勢之便天產之富人力之强雖俄人固非產業的民族要之其將來之雄于經濟界者必矣而當時之能以絕大勢力與彼天驕者爭者則惟米國而已二十世紀之大平洋中一海一陸一文一野一爲條頓民族之强幹一爲斯拉夫民族之代表以相搏相盪演一塲空前絕後之事業噫誠壯觀哉

綜上四點而俄人之大略可以見矣雖然斯拉夫者少年人種其發達在將來而今日人種之勝敗則一視之國家之良否以爲衡吾既攷彼族之特性吾且就其國家之將來論述之

其一曰人

自交通日便而思想互換文明之差益益減少軍制武器亦漸趨于平均則優勝劣敗之機不得不取决于人口之生殖力今日俄人之數既及一億四千萬以上然當十九世紀之初則不足四千萬以百年而得增三倍半則除美國外未有生殖力之膨脹如彼之甚者也然美以四百萬增殖至八千萬者蓋不僅恃其生殖力實移住

者過多有以致之而俄則不然雖亦有由征服併吞而得之人口然少數不足道其主要分則仍在本族之生殖力也

而或者謂俄國國內人種頗雜以民族主義之發達而欲羣異種以成一國吾恐其不能一日安矣雖然是未察其根底者也俄之本族既達五千五百萬其爲羅塞尼亞種者三千萬羅塞尼亞者與其本族最富自然的親和力者也利害共風俗共目的共則其能堅固不渝也勢也其餘劣種既爲其本族所同化無復有反抗之能力而其以强力所併吞者若波蘭若回教徒其數既少即舍而去之要不足爲俄病

俄國以人種不同之故而國際上則不得不生大危險如俄人苟以斯拉夫統一故與墺匈戰則波蘭人必起而擾其內以援墺與土耳基戰則回回教徒又必起而自分以投土蓋波蘭鄰于墺而其同胞之在墺者既沐自由之澤歡欣鼓舞彼獨何心能忍俄人之壓制乎故墺俄一朝釁起則彼之倒戈以向俄人也必也若土耳基則以宗教之故其感情將與波蘭同

波蘭人及回回教徒以外則又有高加索人種者約一千萬人而不能自建國故若

不欲與俄人合則惟舍而之土耳其雖然彼基督教徒也而土耳其則回教也回教之虐待異教徒又彼所熟聞者也則彼雖恨俄人之壓制終不如其畏土耳其虐待之深也故高加索人之不能與俄離者勢也

其次爲芬蘭人芬蘭人亦與高加索人同者也彼苟憎俄人之暴則惟舍而之德而德人之虐異種較俄人爲尤甚故彼等與其與德合則不如以俄合者又勢也

俄國之能羣異族而控制統一之者其憑藉有三曰專制政治曰兵力曰宗教今日專制之力殆岌岌乎將墮兵力雖强終不足以服人之心而所恃者厥惟宗教宗教者含同化力最大者也俄人常以政治之勢力强人之改宗初雖勉强然習而久之遂成同化此則俄政府野蠻力之所由强也

要而言之則俄人者半歐半亞之人種也然以半歐半亞之故而自之爲劣種則大誤矣自有歷史以來凡偉大人種之發生無一非混合而出者也純粹之斯拉夫人性質極輕躁此考之波蘭而可知者也而今日之斯拉夫人乃獨堅實沈雄者蓋實得亞細亞人種之血液以補其缺者也此則俄人之大略也

其一曰土

俄人之領土實有大希望之性質二一爲統一的一爲經濟的其廣袤既及八百六十四萬方英里世界中除英帝國外殆无有能及之者而英國領土之性質實大弱于俄

何以知其然也則以英國之領土散在各處而俄則節節相連也民族競爭之世其國之統一力薄弱者必弱堅固者必强而地理則與統一力有密切之關係者也南阿之戰送二十五萬之陸軍于萬八千里以外其困難可想見矣而民族以地理不同之故感情不能無互異加拿大也濠洲也南阿也名則英實則獨立國也故殖民地之進步愈速而帝國之一統力愈薄弱二十世紀之後則濠洲帝國加拿太帝國阿非利加帝國將出現而英帝國必將爲過去之名詞矣而俄國則大異其趣其侵畧外部也遠舍而近攻其控制內部也恃陸而非海今日者空前絕後之大鐵道成陸路之交通機關日益便利則將來統一力之大可豫決矣

若夫經濟的勢力則何如彼今日之農業鑛業現在雖遠不及他國然其天產之潛

## 大勢

伏于地中者則固未嘗失也彼自近頃以來已大悔其昔日之荒棄而汲汲改良則將來之發達可豫決也其屬土之在歐洲者當新法未改時尚稱爲世界之穀倉則農民日增器械改良以後其盛況可知而西伯利亞而中央亞細亞其領土之產物鑛物森林盖無一不備今日者數千里膏腴之地又一舉而入其手（指滿洲）經濟的獨立誠綽綽乎有餘裕矣

以人則如彼以地則如此斯拉夫人種之將來可以見矣雖然二十世紀中彼又有一大關在其關維何則自由是

自今以前則專制實爲俄人功自今以後則專制必爲俄人禍而今日者春雷一聲已隱隱于全國制度改革憲法制定之運動實依加速度之定理日進一日俄人專制政治之運命殆將終矣吾敢斷之曰多則十年二十年少則四年五六年苟不然者則君民之衝突日益烈而法國之慘劇恐不免再演于今日矣

使俄政府而能審此大勢一度改革也則實俄國之大幸也吾且就改革之利益言之有數點。

一曰擴充經濟勢力而對外膨脹之政策得根據也　二十世紀之膨脹經濟的膨脹也經濟的膨脹者何商工業發達而殖產興業之事盛也俄人以其天產之富人力之强而十九世紀中獨索索于經濟界者則以殖產興業之事必與自由制度相維繫而專制之國必不能與參末座者也故俄人一旦得政治上之自由則商工業必盛敎育必興國民之智力必大發達而又助之以天然人力之强則經濟之大活動起而膨脹之政略定夫自今以前俄人亦嘗取膨脹政策矣雖然昔時之政策非實力的膨脹而名譽心的膨脹也非工商之膨脹而農業之膨脹也非民族的膨脹而軍人的膨脹也蓋雖與昔時拿破侖羅馬之帝國膨脹異而要非今日歐人之所謂膨脹也故至今日而不一改其方策則幼兒殆不能轉而爲壯年也

一曰調和國民之反撥性而內治統一之政策轉易便也　謂俄國國內容異種甚多一與自由則分裂之禍必起茲言也殆所謂明于理而暗于事者也固也自由主義一發達而民族建國問題必起也而是獨不可以例俄吾且就其波蘭一部以例其餘波蘭之暴動在俄爲最盛雖然彼非人種的而政治的或社會的也溯其激昂

之由殆悉出于壓制力夫既激昂于壓制則必鎮靜于自由此殆勢矣蓋波人雖望獨立而實無獨立之實力彼之同胞既分于墺又分于德即能并其在德墺者而一之人數亦不過二千萬夫二千萬非少數也然德則七千萬俄則一億餘介于兩大之間壤地密接其土又小而不富又無不凍之海港以便商業經濟的希望既絕而欲自存其族舍依俄以外殆無長策矣夫固言之波人之反抗政治的也故俄人若一與之以自由其親俄也必矣知波蘭擾亂之眞相者必以予言爲不謬也

是故俄人而不得自由則已苟其得也則其雄飛之期必不甚遠吾試懸揣後日之形勢列數則如下

一、支那之滿洲蒙古西藏必爲俄人所得

一、土耳其必不免于併吞

一、墺匈將來必分而其大半之斯拉夫人必與俄相合

一、瑞典腦威必入俄版圖之內

一、德人今日之勢力雖等于俄而將來則不能及

當此之時斯拉夫人種之勢力必十倍于條頓民族支那而興也則拉丁條頓支那三大族之大同盟起支那而亡也則黃河以北必爲俄人之勢力所呑而拉丁條頓二民族之大同盟起寰宇雖大而黃人無容足之地矣

（已完）

一雨縱橫亘二洲
浪淘天地入東流
卻餘人物淘難盡
又挾風雷作遠游

大勢

# 斯拉夫人種與條頓人種之競爭

孫林

處種競之世而欲自存其第一義則曰審已往民族之消長原由度將來民族之競爭大勢而求所以自審以自擇雖然已往者求之歷史而可得者也未來者不可知而由前以度後則亦可以求之于歷史而得其大略者也歐族之大別三曰拉丁曰條頓曰斯拉夫識者曰拉丁將衰之人種也其于時爲過去條頓旣壯之人種也其于時爲現在斯拉夫未來之人種也其于時爲將來夫物莫能兩大此之興彼之絀也條頓民族今日者旣蹴拉丁而倒之其蓬蓬勃勃雄飛世界之氣概如花之怒開如潮之勃至而彼幽鬱沉雄之斯拉夫族者乃從而躡其後則將來此一强一弱之交換時代必有龍戰虎爭種種活劇之出現可豫決矣德意志者條頓民族之後勁而俄則斯拉夫人種之代表也故欲知二族之將來關係則首當從事于此二國二國者讓地相接民族相交通國際上又有煩重密切之關係夫固言之求已往之歷史以度將來以自審則今日之最大問題也吾姑就二國國際及民族上種種關係

言之以爲吾國民告焉

## 大勢

欲明斯拉夫與條頓民族之現在關係則不可不知其關係之歷史的發達當中世之際芸芸德人迤邐而東遷入斯拉夫族境內者絡繹不絕茫茫一大平原幾若爲德人之領土矣自十二世紀之始迄十八世紀之中彼富于企業心且最强健最有技倆之條頓人殖其族于東方棲息其土制服其本族迫之改宗教爲之斸草萊而開荒野而道路作而市邑起而學校設而商業榮駸駸乎進士族于文明之途者則德意志之農民是也

是則俄國文明之萌芽也智識之發達也技術之進步也固無一非由德人之感化而來矣彼君主亦知其然也故衣文三世及四世彼得大帝及加塞利女帝無不竭情盡致招之徠之厚之以爵祿處之于宮庭給之以治事之權一若俄國之官吏界中非德人則不足與治事者雖然豈惟官吏界其在俄之西部都會林立而掌其教育握其行政者非德人之學校之裁判所乎豈惟學校豈惟裁判所地方之官語則德志意也宗教則德意志也舉凡一切之風尚之文化之習慣無一非德人播其種

而波爾的海沿岸則德人之文明勢力尤甚凡高等智識蓋悉自德人輸入之此則近數百年來之事跡其尤彰明而較著者也

乃自最近百年來尼古剌二世即位以後而形勢一大變

何以變則以民族主義之勃興而斯拉夫人種之對內統一對外競爭之說刻入于人人之腦于是毅然決然排斥德人之文化而波爾的境內之人民與德人同化之勢力亦隨之而衰熄德人移住之事業亦不若从前之易易矣

雖然德人之移住者尙續續未有已也自千八百五十七年至千八百七十六年間凡德人之移住者計四百六十万六千人而永遠居留俄土者尙五十五万八千人有奇即于其後而俄國之官吏學者技師商人藝術家銀行家新聞記者等之有權勢者德人仍盤居其間如鯽也依千八百八十四年之統計則德人新聞之設于俄羅斯者凡四十六家云

乃自亞歷山大三世即位(千八百八十一年)而風潮愈逼愈甚民族主義之政策遂實行于俄國夫禁希臘教與新敎徒之結婚也禁新敎教會之設立也與內務大

臣以自由罷免新教僧侶之權也改德意志學校爲俄羅斯學校也罷德人之在俄國爲官吏爲教授爲教員者而代之以斯拉夫人也嘻余向者所謂固有特性之說豈不然哉豈不然哉凡是皆由斯拉夫人種統一之一大主義而來也故未幾而外人之土地所有權廢矣而德意志語禁用矣而即凡德語所定之地名亦一切改之矣充其願以至于極則一言以蔽之曰不使德意志之勢力留些微遺跡于俄羅斯是已

雖然德人又何能默爾而息也德人之移住于波爾的海沿岸也德人有大慾存也德豈眞何愛于俄而爲之運文明薄利曾言曰波爾的地方之爲德人所有也較亞爾塞羅命(二地法人所割與德人者也)二州爲尤眞而德意志之愛國者亦庶幾望曰他日此地必可純乎與德人相同化而合幷之矣乃希望之極而失望至其強健之市民既爲俄人所奪而其文明之精粹乃悉以入俄于我一無得而反蒙大損焉于是德人之對俄感情遂大憤

雖然民族上之關係既如是而政治上則又別有關係在蓋俄人固自以爲德人之

救世主也拿破侖之破普魯西也俄人救之及千八百十四年遂除普魯西之大敵(即拿破侖)而普法之役使無俄之助德則墺國伊國丁抹必將入而助法而德人之戰勝必不可期也俄之有恩于德蓋三四度矣俄因自以爲德之救主也

普法之役俄之助普俄亦有大慾存也俄豈眞何愛于德而讓之增勢力高雀夸夫者俄之有名之外交家也然當時彼誤以普法兵力必其不甚相差也則吾且坐觀焉而使二國戰迨二國既力弊乃出而調停其間則吾之勢力强而從中可以得大利也

而不意德人用兵之速奏捷之大乃大出高雀夸夫之意料外也昔時之策既誤而其既戰之後所謂善意助普之報酬者又不獲一物固也俄人非不得一報酬者也俄人以欲得黑海行動之自由權故欲廢巴里條約之第十一條時德固不唱異議者也是德之報俄也雖然俄之慾豈惟是尙有大焉者矣而德人不應之也于是俄人對德之感情亦憤

普法之後法人之切齒于德甚矣其不能一得而甘心也以法國之孤立而无助也

德相畢士麻明知之矣故俄雖含怨于德而德不得不傾心以結俄盖俄法聯而德禍將不遠也于是畢士麻之外交手段又出現

十九世紀之末葉民族自由二主義既功行圓滿落落諸大國國民幾无不得所求而去矣雖然猶有未饜者一二事則波蘭與俄是也波人若曰民族主義哉彼日耳曼伊大利亦猶是人也皆能獨立而胡爲我則奴我則奴嘻獨立!!! 獨立!!! 俄人若曰自由主義哉彼墺大利日耳曼亦猶是國也皆得憲法而胡爲我則無我則無咄革命!!! 革命!!! 此二端外又有社會主義者勃興于其間社會主義者何均貧富問題是也雖然波蘭之獨立也無政府黨虛無黨社會黨之勃興也皆俄墺二政府所深忌者也畢士麻利用之乃使德之新聞紙極力鼓吹其說以恐俄俄果恐乃使德帝會墺帝俄帝結君主同盟以壓制之俄墺果樂從之也乃于千八百七十二年九月德墺俄之三君同盟成而噉血誓天之法人乃終至孤立于外交界中而不敢思逞雖然俄德之惡感情種之于數十年前發之于種種方面不可以一端解也故于千八百七十五年法德之間戰爭將復發而俄人乃嫉德強大聯法以牽制其勢後

八十六年。德人已取進擊之勢。而俄之機關新聞。乃明言「俄決不使德復攻法。」蓋俄德之隱情。已躍躍如現焉。

普法之役。俄人對德之大慾望。既歸失敗。雖然。俄之心猶未死也。俄猶將望報酬于德也。何以故。畢士麻杲明許俄以若有機會。德必報恩者也。斯言也。高雀夸夫信之。俄政府信之。即俄國民亦信之。以爲若有機會。德當助俄。故俄又未忍據與德斷絕也。果也而大機會至于八百七十八年俄土之役。俄已得志于東方矣。而不意英之艦隊乃忽現于保斯法羅以威赫之。墺國从之亦汲汲修軍備以待戰爭。斯時俄人乃舉其萬種之希望。萬種之熱心。以屬望于德。德若从俄。則英墺雖連。俄固得以遂其終生之目的也。乃未幾而栢林會議開。爲之議長者。固前口血未乾之畢士麻也。畢而果欲爲俄計利益也。則固有可助之權勢。有可助之地位。俄之屬望于德者至矣。而不意畢士麻乃陽應之。而陰違之也。會議既結。乃以蝦夸維納及伯司尼亞二地與墺。以防俄之南進。而以羅馬尼亞領之伯司拉比亞與俄。

咄此會議之結果。大利在德。而大不利乃在俄。夫巴爾幹半島。俄之所耽耽垂涎者。

大勢

今既不能自取之而反使墺人得此半島之要地則俄墺之感情悖羅馬尼亞者助俄戰士而得利者也今乃一無所得而反爲俄人割其領土則其怨俄恨俄也宜也而羅俄之感情悖嘻以畢士麻一人之作鬼而三國遂終爲之離間而德意志遂坐而向其利而俄羅斯遂空廢數十年心血一事無所成

希德國之酬恩望畢公之踐言歡迎此栢林會議之俄人而今乃得一最可驚愕可忿怒可怨傷之結果糜數十萬財產擲二十萬軍士之性命于己一無所利而利乃在墺在德于是將軍司克伯來乃演說曰『今有一陰謀者以政略欺吾國以陰謀犧牲吾國以有害之勢力支配吾國制吾國之活動鎖沈吾國之元氣不與之干戈相見則吾輩終不能脫其惡勢力之下噫諸君欲知此陰謀者之名乎吾今言之曰德意志曰德意志諸君其毋忘此名吾今重言之曰德意志德意者吾輩之敵也斯拉夫與德意志人之戰爭終不可避此戰爭必長必劇烈必可恐怖雖然其勝利必歸于我斯拉夫人』蓋自柏林會議以後俄人之新聞之政治家之外交家無一時無一人不切齒于德其怨毒可爲甚矣而其時之德意志則何如

則以俄人之惡聲而反響起激烈之排俄主義風發于國內千八百八十二年一書出版題曰「俄德戰爭」其標語曰『欲使歐洲安全則不得不滅盡俄羅斯之勢力』又有著書名「境上之俄羅斯」者其言曰『德俄之間若政治上有意見之衝突則防止之除去之不難也然二國者人種異教育異根本既差則必以不得不抵抗之趨勢而日進于大衝突』千八百七十九年俄大集陸軍于德墺二國之邊境十月德墺之對俄同盟成

于是畢士麻亦汲汲以防俄爲目的內擴軍備外結同盟雖然畢士麻外交家也至是而彼之外交手段又出現

普法戰爭之後法之復仇心甚熾畢士麻乃利用埃及問題使英法相惡而一轉其惡德之心以惡英此八年前事也至是彼復用其老手段使英俄相惡而移俄人怨德之心以怨英

觀以上所述則知俄德之衝突心固根之于歷史矣雖然猶有不可不知者一事則已往與現在之重輕是也蓋過去之關係不論其若何之相惡苟于現在之利益能

得調和則未有不捨舊惡以結新交者也然則斯拉夫與條頓民族其將來之利益果不能相容與否雖未可知吾姑就人種問題而一一研究之

自近世以來德非畏俄者也德之所畏不在東而在西法實德人累世之大敵也然至普法一役而德之境遇一大變其所畏乃又由西而轉入于東

德之人口多于法者五倍至今日尚以可驚之速力增加之每年平均得八十萬人雖然德人之今日非昔日比也方傾全力以尋殖民地且自進其族於强大盖坐視其同種沉沒于他人勢力之下或爲人吸入而同化之固德人所不能忍者也而俄羅斯以絕大之勢力壓德人之東境此則德人所爲大恐者也俄之幷吞鄰國也或由人種統一主義或由陰謀或由煽動或由傳教鬼技百出莫可窮究而異種之移入于俄境者俄人乃以可驚之同化力吸入之故德之政治家常對此二問題汲汲生苦慮

自斯拉夫統一主義之勃興而墺匈破壞之禍遂汲汲若近于燃眉君子是以知民族主義之勢力之大矣

德之人口過六千萬而其中屬斯拉夫種者不過三百萬然德政府畏之甚極力欲破壞其勢力而同化之夫以德政府之強力對三百萬人之少數而其恐尙如此而況于墺匈墺匈之人口四千七百萬而其中爲斯拉夫人種者實占二千二百萬之多所謂德意志人種者實千五百萬而已則墺匈之岌岌不遑終日也誠宜哉

斯拉夫人種統一之主義非始自俄羅斯而始自匈牙利也郭拉者首唱斯拉夫統一主義者也彼實生于匈牙利而布其勢力于維也納及白拉斯拉夫統一主義之大會實于白拉開之時千八百四十八年也自是以後而斯拉夫人種統一之主義遂占歐洲之大勢力

然在墺匈之斯拉夫人種其種類夥其歷史異其言語異其生活習慣異政府利用其異其分裂而得以支配之故墺匈之日耳曼族馬哥耶族皆得立自治制之下而斯拉夫獨不能者則以彼無一致之勢力故也雖然彼之不一致政府之所願望者也政府可利用不統一而控制之也而大勢所趨則政府雖萬鈞之力終不能抑壓之蓋民族主義之潮流固無堅不備者也故昔時墺國僅巴愛米亞者以懷政治上

大勢

不平故頗有親俄之希望至今日而斯拉夫人之親俄主義遂大行于墺匈國內彼于墺匈之內政固未見有一致之舉動而同爲親俄也則一致然則如墺匈者民族不同言語不通統一力薄弱非民族國家于今日其危也至矣哉　未完

極東經營

# 俄羅斯之東亞新政策（續第一期）

飛生

## 乙 滿洲今日之現狀

滿洲滿洲今日之滿洲將來中國全部之倒影也吾述至此心爲之戰膓爲之裂涓涓北視淚竭而聲枯嗚呼吾誠何心而乃述此雖然吾知吾國民必猶夢夢焉以謂今日之滿洲猶未亡也則吾安得不掬一滴淚以爲吾國民告也

諸君諸君以爲今日之滿洲猶爲支那之領屬乎縱橫馳驟于黑龍江左右其聲嗚嗚者則俄人之鐵路也聯翩上下于松花江上流其旗翩翩者俄人之滊船也控北部之形勢立滿洲沃野之中心其人口達九千以上者俄人之市府哈爾賓也其在哥蘭五年以前則白草荒寒一二天幕已今則有旅館有病院有商店何人經營之曰俄羅斯其在巴克拉五年以前一片荒野衰草離離已今則有家屋有電燈有給水工塲有公園有圖書館何人經營之曰俄羅斯其在哈爾賓森林之東有市數則

大勢

俄人之殖民也有汲汲營生業者矣其在哈爾賓之南各大都會中有汲汲修家室建市場者則俄人之居留地也其在奉天則鐵道衝其城壁之西側而過之三十里以內勿許支那人進一步也鐵道吏員之住宅駐屯軍隊之營舍宏大而堅實每九里建鐵路守備兵之房舍一有所謂邊境守備兵者數三萬故吾人一足入黑龍江四圍之風景有激刺于吾腦者一事則西伯利亞實已隨鐵道而延長其境域于南方是已蓋自五年以來政府用其智軍用其力工用其藝商用其財以一步一步日進不已而數千里絕好河山遂一擧如探囊拾芥交通之權得而咽喉握矣商工之業盛而血脈通矣殖民事業日益發達而主人翁現矣諸君諸君勿以爲是區區者何足道凡以經濟政略而亡人之國者未有不从是區區者來也

諸君諸君以爲俄人之滿洲撤兵已見于明文而兵事上之權力可毋顧慮乎俄人之所謂撤兵者則變更其屯集地而已其在牛莊所謂撤兵者則變更其屯集地于俄人租界也其在奉天所謂撤兵者則退處三里以外之駐劄地也其在遼陽所謂撤兵者則移其城內之兵于城外也若夫有三十萬人口之吉林則以條約所載限

四月十八日撤退雖然彼必移其兵以至長春亦不過變更其位置而已若哈爾賓則且以爲俄人之都市故即撤兵之事猶不能矣且以依鐵路條約故凡鐵路之所及俄人皆得永久置兵以守護之而吉林長春齊齊哈爾寧古塔鐵嶺奉天及遼河流域諸地凡滿洲重要之道路无不爲鐵路所包即滿洲重要都會無不在鐵路守備兵勢力之下盖其鐵路經營之巧慧而用心之深毒誠非常人所能夢見者矣且未撤兵之前其舉動猶多惹列强之耳目而既徹兵之後借守備鐵道之名以暗張其勢力則尤可以避列强之容喙而得長久保存其勢力滿洲滿洲曾謂一地之內其都會皆爲他人之兵力所及而尚得此地爲我有乎

吾更有不忍言而不能不言者一事則各種之干涉是也東三省將軍治下之兵數既爲俄人所制限且其所用之軍器非經俄人許可烙印者不得用而其所許者則皆係機關不靈之舊式也昔時之大炮凡貯藏于倉庫及造兵所者皆爲俄人所掠奪而中國官吏不得一着手也此其制限者一各將軍處皆置俄人之軍務委員一以約束其軍人實則監督其行動而欲箝制其兵力使不能改革恢復而已此其監

督者一且官吏非俄人之認可則不能任而滿洲之俄人之領事到處增入夫當北方亂起哥乃加夫率三百人之可薩克長驅直入以破竹之勢入奉天此當滿洲軍備完整之時也而如是則今日之所謂軍備者其爲傀儡登場也必无疑矣凡玆諸策俄人之所用于滿洲者即英之所用于東印度者也印人亡于英而印人不自知其亡滿洲入于俄而中國人茫然若无聞焉痛哉吾其爲印人哉

抑吾爲此言吾爲同胞之身家計也夫以言乎政府則彼滿洲者官猶是職政猶是行囧煌煌乎其發祥地也苟有以亡爲言者非癡即愚矣然不亡其名亡其實不亡其政亡其民而其禍皆吾民受之皆吾民受之不知夫黑龍江畔鬍匪之亂死者二萬之慘狀乎不知夫俄兵之奪人之食淫人之女之惡狀乎不知夫東三省窮民日多山賊大作到處騷擾民不聊生乎凡此諸端今日行之于東三省即他日行之于中國本部者也噫其奈何未之思

丙　西伯利亞殖民之近況及產業

欲知俄人東亞新政策之原由則不可不知其政策之根據地根據地維何則西伯

利亞是

西伯利亞于地理上分三區域曰凍土帶沿北冰洋海岸者也次曰森林帶樹林極繁茂一則寒氣大烈一則巨木密生不能開闢氣候又甚酷烈皆不適于殖民者也唯其南部曰曠野帶者氣候温和土地肥沃誠哉其好殖民也

南部西伯利亞中尤以依爾克克洲及貝加爾洲一帶爲最依爾克克現爲西伯利亞鐵道中第一要驛二十世紀中必爲商工業之中心點殆无可疑貝加爾洲則以臨貝加爾湖故河流潤澤交通便利水色淸澄山光秀麗無數小流朝宗于此誠殖民地中之最善者也

依爾克克横貝加爾之西面積七十萬三千餘方里(俄尺)南方則興安嶺蜿蜒其間與中國相接大小河川平行其間故土壤肥沃風光明媚而興安嶺山脈又富于金銀鉛銅等礦西伯利亞鐵道線路通過其平原殖民地概沿鐵道線路而散布州內之大川二曰來納曰恩加拉水勢雖急便于舟楫航運業近日益發達

依千九百年之統計報告則依爾克克之人口爲五十三萬九千〇〇八人以言其

大勢

職業則農民居其大多數以言其宗教則希臘教居大多數自近頃以非常之速度增殖于此地不及五年恐必數倍于疇昔矣

請言其產業一曰農其耕作則採互耕之法每年各耕其半蓋雖未採用農業之新法而出產數已可驚一年間凡穀類收入之百之五十八爲自用其消出于歐洲者得百之四十二一曰牧畜牧畜之盛未有如西伯利之甚者也其數及九十餘萬頭內以馬爲最多一曰狩獵其所得獸皮之價及四十七萬法郎一曰工場雖未甚發達而數已近百餘製造業亦日益繁盛一曰礦礦之最重者爲金而採金之面積占八十萬方英里今雖僅開掘其一部而據美人言則將來每年可得四億圓云

其最可驚者則依爾克克洲教育之發達是也初等中等之學校到處皆是博物館及圖書館亦壯麗宏大千九百年本州之學校數四百四十九男女生徒共萬七千餘人其翌年校數四百九十三生徒及一萬九千餘其駸駸之勢蓋可見矣

如上以言則俄人經營之大略可以見矣夫西伯利本荒寒之地也乃經俄人之高掌遠蹠不數年而竟至于是蓋俄固明知二十世紀之世界非從事于殖產興業則

不足以競自存故甯萬苦千辛百折不回以經營是當西伯利亞鐵道起工之日彼早有東亞大帝國之影子藏于腦中矣。

要而言之則俄人之東方政略不外三途曰以威力政策爲先鋒以殖民政策爲後勁以鐵道政策爲交通兩頭之本營其以威力也用其强以乘人之危其以殖民也利其緩以入人之不覺其以鐵道政策也則又巧其布置以迫人于無可如何而其總結點則着眼于經濟察乎此而俄人政略之形勢得其大槪矣。

## 四● 日俄之親交

欲明今日各國外交之眞相則不可不知今日外交界中有新發明之公理一其理維何曰感情與利害較感情輕而利害重故甯犧牲已往之感情以爲將來之利害必不肯犧牲未來之利害以爲已往之感情昔普法戰爭之後法之切齒于德甚矣。以感情言則固甯枯四千萬之骨必報此一仇而已也然至今日而其勢仍未決裂者非法之不知恥實迫乎利害明知其不敵故甯忍辱含垢而不敢以一時之感情。受將來無窮之禍也。察乎此而後可知日俄親交之原自三國同盟迫日本以還我遼東當時事起倉猝日政府明知其不敵不得已而以還我于是日俄開戰論沸沸于朝野雖然事已往矣其沸騰者不過激于一時之感情耳故政府雖日日擴張陸海軍而終不敢與起釁自義和團一役而後日俄親交之聲漸起

曷爲自義和團一役而日俄親交之聲起曰明知支那之不可爲而急欲擴充其勢力于支那本部也蓋力不能分注以日人之經濟力薄弱苟欲與俄戰則不得不幷全力以從事軍備而傾注于北然西歐之勢力滔滔貫入于支那南部者必將日益盛而日人將無容足之地矣然則日俄之勝負未可決而南方之利必坐失可豫知也日人今日之侵略政策不出兩途曰南進曰北進然北進則强俄橫其頭南進則病夫當其下若之何不移其難而從事于易也則日俄親交之又一原因也

（未完）

# 野獲一夕話

匪石

此余舊日見聞雜錄無條段無倫次不能詳也顧念十數年來風濤瞬息萬變且衝吾廬蕩吾室矣而吾國人猶咿唔呻吟其未輟孟子曰盡信書則不如無書吾於武成取二三策而已然則吾今日中國顧何書可呻吟可咿唔哉不咿唔呻吟則愚愚非所以教國人也多咿唔呻吟則固固尤非所以教國人也嗚呼愚且固吾國人其將無國矣行行重行行遊子今何之風塵偶息雜錄舊聞借爲吾國人咿唔呻吟時消遣之資不自知意龐雜而言支離也癸卯二月

## 髮厄

髮之有厄也自中國始也彼其細如縷軟如絲不痛不癢無意無識之毛髮戴于歐美人之頭而短之戴于佛者之頭而盡去之戴于徧世界女子之頭而盡留之而皆

談叢

安獨大不幸而戴于吾中國數百年來男子之頭而曰將殺而身族而家墟而鄉亡而國非知中國髮史者則不信也古者稱述夷狄之俗必曰被髮文身進于中國則髮之相沿三四千年顧何足異元魏拓跋氏興史字之曰索頭部異乎其髮也蒙古入中國則又有三搭髮之說云三搭者環剃去頭上一彎頭髮留當前頭髮剪短散垂却析兩旁髮垂綰兩髻懸加左右肩衣襖上曰不狠兒云左右垂髻礙于回視不能狠顧或合辮爲一直拖垂衣背今辮髮制是也然未聞以爲禍也清興髮禍乃益烈順治元年既定江南乃下剃髮之令其略曰

向來剃髮之制不急姑聽自便者(中略)自今布告之後限旬日盡行剃髮若惜髮爭辨決不輕貸

此令下而中國人以髮死者無慮千萬吾今日言之猶懍懍其髮悚也

錢肅樂曰合藩鎭之兵不能衞小民之一髮懍懍乎將以不薙髮死

明遺臣傅冠捕至江見李成桂成桂誘之降曰公大臣若薙髮富貴當無極冠曰自有冠裳以來未聞有禿頭宰相者成桂曰公髮種種與禿何異稍剃可乎冠厲

聲曰汝知千古有文文山否我頭可斷髮不可剃也卒以是族此一言一事耳吾聞清兵南下時使剃髮者負擔游於市執路人强剃其髮不可則殺之今剃髮擔前端有樹桿或曰所以揷刀也雖然吾國人固以繁且庶號天下當時屠之不能盡殺之不能滅野火燒不盡春風吹又生生養休息又忽忽二百餘年其爲中國髮最安穩時代矣道咸之際洪楊興于廣西蹂躪十餘省連結十數年洪楊制必蓄髮(今人稱長髮賊)目剃髮者以爲妖也清制必剃髮目蓄髮者以爲賊也相搏相擊相屠戮而居於賊妖二者之間之數億萬之生靈其剃髮歟則殺於洪楊其蓄髮歟則殺於清兵忽薙忽蓄忽死蓋少能倖免者是役也中國全部數億萬人乃隨細如縷軟如絲不痛不癢無意無識之毛髮以投入于萬萬萬萬不能倖生之域全世界縱今古橫東西所未有之奇禍也同治季年中國宴安如故蓋髮禍稍息焉雖然四十年之光陰又倏倏其已過戊戌以後吾中國士人留學日本者以半剃髮爲不足則盡剃之政府以爲惡電致今駐日清公使蔡鈞氏令學生必辮髮否則曰此逆士也當跡之于時學生有剃辮者有不剃辮者交相惡交相詬世之論尊

談叢

王與革命黨派者不以言論不以事實唯以去辮不去辮爲尊王革命兩黨之一大標識然則吾今日中國髮禍又隆隆其方興也吾嘗論中國人之特性爲至變至化至不可測度何者於昔則爭剃辮爭剃辮特性也于今則爭不剃辮爭不剃辮亦特性也彼其爭剃辮不剃辮而以同一合致之目的反顯爲異趨背馳之現象若勿畏刀鋸若勿喜冠纓若勿恤身家而必力行其所負特性而後安吁是可異已抑吾聞生理家言世界處髮之道四曰全去之則僧人之所行也曰全留之則婦人之所行也曰短之則歐美之所行也曰前則盡去之而後則盡留之則今中國人之所行也其害爲最甚髮以護腦也于前盡去之則腦傷于後盡留之則負重而滯必不足爲法（自政府留辮令下、日本東京成城學校監督、令學生皆留辮、獨生理學、教習日人某勿善也某見學生去辮、常贊之以爲有益生理）故今人明生理學者必斷斷爭不剃辮也

# 時評

本誌同人。既越在海外。將欲求內地近事。由內以達外。又從而反哺于內。夫所貴乎記事者。謂其速而新耳。若茲則何取于是。歐米通例。日報主報道。旬報主批評。彼其在本國且然。而況遠在海外者。茲特刪記事一門。而增設此雜取近事之有關繫者。詳之以爲吾國人告焉。

雖然。批評實輿論之代表也。非易言矣。凡一事之起。必有其繁重曲折。許多近因遠因而始成。苟于此事之原委。有一事之未明。則未有能下明確之判斷者也。即明矣。而學識不足以究之。則其爲言仍無當。故批評者。今日的歷史家也。歷史就過去以驗將來。批評就現在以測將來。而非積有實任學識實在經驗未有能濟者也。歐米各報。以批評爲天職。而記者之程度。即視其批評之上下以爲衡。同人于此自問能勝其任者蓋鮮。然以我國輿論之雜。此業之不發達。不得已姑爲之椎輪焉。

## ◉內國之部

### ●桃源何在！

今日之中國。破壞固破壞。不破壞亦破壞

## 時評

自義和團平定後而直隸之亂起而四川之亂起而東三省之亂起而廣西之亂起即就浙言而衢州而嚴州一月之內聞小亂者必數起一年之內聞大亂者必數起以結果論之則小亂一次死之少者數百多則數千大亂一次死之少者萬多則數十百萬不等其死也不見知于政府不見知于國民不見知于世界何罪何辜而遭此毒嗟乎自世界有國以來未有如支那民族之慘者也

吾去歲遊江南接其人其貌蹙蹙其容黯黯相與太息曰「今日亂矣安所得避亂之地如桃源者」嘻茲言也實亡國之根源而中國所以數亂不休受無上之慘毒而莫之能救者也

昔飲冰子曰天下之最可厭最可惡者惟旁觀者吾謂天下之最苦最可憐最不合算者惟旁觀者夫二虎爭有一不利即有一利以公算 Prabahelity 計之則其所得爲$\frac{1}{2}$也若旁觀者則苦于甲復苦于乙只見有害不見有利數千年來死之又死殺之又殺皆是輩也而今者又芸芸徧中國矣吾恨之吾哀之

諸君諸君曷爲身家計曷爲父母妻子計諸君畏破壞而不思所以免破壞之方禍不遠矣

免破壞奈何曰自破壞自破壞者非殺人以殺人放火劫彼亂民之謂也原彼亂者之所以爲亂之具而破壞之則諸君之所以爲妻子爲身家者莫善于此

如其不然則吾知二十世紀中盡地球之面積中而數之必無塊土可以爲支那人之桃源不然抑或在地下未可知

## ●杭寧鐵路問題

內國之部

# 我浙二千餘萬之同胞不聞美人欲來開杭甯鐵路乎

我浙位於揚子江下流雖非世界舞臺之中心點而頗富財產自通商以來英人闚之日人要之意人索之幾落於外人之手者數矣未也者以當衝各省之權利未盡也及二十世紀之劈頭直省之鐵路分略殆盡各屬之礦產訂開將完於是美人下捷足先得之計謀攬吾杭甯鐵路權果若是吾浙其亡矣乎吾浙其亡矣乎

蓋二十世紀之世界鐵路世界也鐵路所及之地即勢力所及之地勢力所及之地即財富所盡之地鐵路及一縣即一縣之勢力之財富落於外人之手鐵路及一府即一府之勢力之財富落於外人之手鐵路及一省即一省之勢力之財富落於外人之手如蘆漢鐵路之付與德築也而蘆漢之財產任其開掘任其吞蝕任其收括失者不下數百萬矣東三省之鐵路付與俄建也而東三省之人民任其剝奪任其役使任其屠戮死者不知幾十數萬矣其他沿江沿海各省莫不皆然獨吾浙之財產依然完全無缺吾浙之人民依然歡笑如故者以未以鐵路之權授與外人也自今而不知拒吾恐吾浙與蘆漢東三省之財富人民同歸掊盡殺盡於無形滅國滅種之鐵路世界矣嗚呼吾浙人烏可不羣起而拒之

然則吾浙人能拒之乎吾斷之曰吾浙人必能高掌抵手大聲疾呼而拒之也然則吾浙人終能拒之而不使入乎吾又斷之曰吾浙必終無一人能竭智盡財死而後已而拒之也何則逞一時之公憤好爲誇言戀數十年之歡樂不肯一死此吾中國十八行省人普通之性質而吾浙尤甚者也吾於是不得不爲吾浙同胞告擁有十萬或百萬之富者與其遷延數年與吾財產同歸澌滅不若就此時牟施吾之財產以拒美人而自建鐵

時評

路鐵路者世界非常獲利之商務也鐵路多建一尺即利益多獲一尺鐵路早成一日即利益早得一日故從此并可以牛有限之財產而獲無限之利益豈不美哉即使無利益可獲而我牛留之財產除無盜賊土匪之搶奪無敗家子孫之浪費不亦若磐石之安乎數口或十餘口之貧戶與其延數年爲洋奴洋隸而受牛馬之苦曷勿就斯時力與富者同抗美人而創鐵路鐵路者世界最費傭賃之工業也鐵路多築一處即貧者能多「獲傭賃一處」鐵路之工一日不已即貧者之獲傭賃一日不已故從以并可以無形之勞力而獲多數有形之傭賃豈不美哉即無傭賃可獲而自吾費多數勞力則吾之子孫自能永享利益而久生存于世界之浙江一部矣嗚呼浙人從此可以猛省矣否則吾將弔浙江潮之不靈

## ◉外國之部

### ●崇拜東人者聽者!!!（留學界記事門參看）

今歲日本舉行第五次內國博覽會初以支那人與印度等亡國之餘列繼又改設台灣館并將福建運來產物陳設在內東京留學生方在力爭未知其結果

嗚呼我國民其聽之吾欲有所言吾不成聲

我國人之性質外人知之久矣予我以虛設之名詞絕我最重之命脉使我鼾睡而不覺此近今滅人國者之長技也日本今日之舉蓋日本秘密手段之缺點也謂爲日本之侮我也可謂爲日本之警我也可雖然醒我

者不自日本始且不自今日始特我國麻木不仁人之醒我而我自不醒耳嗟嗟舊時王謝堂前燕飛入尋常百姓家我述至此我不成聲

嗚呼吾不知彼騎從聯翩相率東來看博覽會者翹首一瞻則見彼「台灣館」三字之額巍然一横于其上者吾不知其作何想

## ●加拿大之人頭稅

加拿太總理大臣羅利爱氏以支那移住民人頭稅自一百弗增至五百弗之事件提出于下議院且使載運此等移住民之船長對于此項人頭稅之支出有直接負擔之責任云云

嗚呼我海外數百萬之移住海外民族其何以堪之夫彼之增稅原由一言以蔽之則憎支那人奪其利而已矣雖然憎支那人者豈惟加拿大美國如之澳洲亦如之

然則二十世紀之末歐美各地必無支那民族片形隻影存留于其間矣

夫等是政策也彼何以不用之于別種人而獨用之于我嗟乎有國者與無國者競固任有天大之能無所用其力者也豈惟彼殖民地而已宅我之土入我之室用我之財昔之旅居暫租者一轉瞬而自認爲主人公矣管轄之驅策之敲剝之彼固儼然認世界爲文明人所獨有也天之下地之上竟無一片土可以容『亡國之民』之駐足者我國民亦曾念焉否耶

## ●俄領沿海州之人數

## 時評

俄領沿海州者。即南烏蘇里、哥薩克烏蘇里、提督島等九縣是也。去歲杪查其人口之總數。有二十四萬三千百四十人。表如左。

| | 男 | 女 | 合計 |
|---|---|---|---|
| 支那人 | 三、三五〇四 | 三〇五 | 三、八八〇九 |
| 俄人 | 九、二八二八 | 四、五〇四四 | 一三、七八七二 |
| 朝鮮人 | 一、六四三五 | 九二二〇 | 二、五六五二 |
| 日本人 | 一〇九三 | 一〇七五 | 二一六八 |
| 土人 | 二、二二八〇 | 二、〇八二〇 | 四、三一〇〇 |
| 外國人 | 四四九 | 八七 | 五三六 |
| | 一六、六五八九 | 七、六五五一 | 二四、三一四〇 |

夫東三省者。瓜分後之中國之縮影也。地有稅。屋有稅。營業有稅。窮民之食俄兵脅之。工人之命俄兵刼之。日遭奇禍。奔訴無門。不得已而告諸俄官。則謂戰敗之國。應受特別之虐。嗚呼支那人圓輿雖大。尚有容足處乎。有東三省之現狀。于是有沿海州之現狀。蓋居于內國。既苦于旱潦瘟疫盜賊課稅而飢寒交迫。不得已而爲冒險之計。遠往異域。依人籬下。遂使南洋羣島、黑龍江北。皆有我國人之足跡。不知者以爲我國人之膨脹力也。而不知有大不然者在焉。白人之膨脹。以實力。吾人之膨脹。以飢寒。白人之膨脹。即其民族繁昌之現象。吾

人之膨脹即其民族衰亡之現象也。試一覽其表。男女之比例差。未有若支那之遠者也。夫外國人之男多女少者。蓋是旅行探險之徒。非若中國人之久居於彼者也。若我國人則固異是者也。顧流離顛沛無家族之樂。鴻雁嗷嗷積學滿地。其遺骸之得歸故國者。則幸甚矣。嗚呼、滅種之禍。非必日事刪夷也。生計憔悴兒寒妻飢。不百年則其殘骨爲博物院之陳列品。而其髑髏爲人類學之試驗器矣。

●日本之外人囚表

日本最近之調查。有外人囚五十六人。其罪名國名列如左。

| | 囚人 | 刑事被告人 | 別房留置人 | 懲治人 | 合計 |
|---|---|---|---|---|---|
| 支那 | 二二 | 一七 | — | — | 三九 |
| 英國 | 一 | — | — | — | 一 |
| 美國 | 一 | — | 一 | — | 二 |
| 德國 | — | 一 | — | — | 一 |
| 俄國 | 二 | 二 | — | — | 四 |
| 朝鮮 | 四 | 四 | 一 | — | 九 |
| 總計 | | | | | 五六 |

痛哉我國人。何作外人囚之若是多也。豈以本國之刑重。外國之刑輕。本國之囚穢。外國之囚潔乎。果爾則頌

## 時評

外國之功德碑將日多一日矣痛夫。

抑自治力者人生之最要物也我國無教育民之自治之力反受治于外人可恥孰甚焉雖然此猶小事耳其他之可恥者更楮墨難罄也。

### ●俄國新設海事省

去歲十二月俄國新設海事省任親王亞歷山大米哈羅爲海事大臣此其結果俄國之行政上將有重要之改良歐洲列國無不注目以觀其變。

溯俄國之舊來凡船舶港灣與夫海運之事皆屬于大藏（戶部）遞信二省以彼得之熱心海事而航海事業尙在萌芽至今帝尼古拉則大發達矣始則造船舶于異城免其輸入之稅次設造船學校于聖彼得堡復于各地方立航海術練習所磨牙擦掌欲大肆其鯨吞觀其東則太平洋海軍之力已足與英抗而雄圖宏願日長而未有已觀其西則遠的紐爾之事件又見告矣首尾並進包藏禍心其用意之周其手段之靈未有能右之者也雖然競爭之局不在西而在東而我國適爲其中心點我國民將何以處此。

### ●法國議會之外交問題

法國自去歲十月與暹羅訂約以來南亞勢力大有擴張之志頃閱新聞有台龍克耳者安南之選出議員也。陳議于議會曰『予於安南得長久之根據地將來支那有變得有所備並欲置有力之軍隊』聞者贊成云云。

諸君亦知安南亡國之痛乎二十年而言語滅而文字滅恢復之期杳無日矣今法國乘此風潮而兩粵之勢

力圈。必更圖其鞏固諸君其知之乎。

●俄羅斯將制定憲法

於二十世紀中有可以左右世界之力量者俄羅斯及中國由專制主義而變爲憲法或民主主義是已中國與俄羅斯相類似之點甚多其國土之廣漠也相類其人民之堅苦也相類其君權之宏大而積久也相類政府之聯俄也以其聲氣相類借此可以保我位也而今則何如

近俄國大國大臣維衣台與內相封蒲列之議一大問題其問題爲何雖不甚明徵諸氏等之言動確係準備採用立憲制度蓋兩相皆守憲法主義者欲變俄國政體爲立憲制度維衣台曾向莫斯科日廳斯得威行政員長明言憲政時代將近與彼處人私語亦是道此意(見二月十四日蘇報)噫俄之改立憲制度其不遠矣假令俄一旦由君主而確立爲憲法制度則中國眞亡矣何則今俄雖建鐵路於西伯利亞練海軍於旅順大連灣似竭十分之國力以經營吾中國矣實則聖彼得堡政府之手段哥薩克雄武之勢力施於世界大地者尙不過十分之三四耳餘者以虛無黨星布革新機漸動不得不留之以防內也苟從此舉國通認確立憲理新舊統一黨會化分共同一致勵兵秣馬乘西伯利亞鐵路而直搗吾北京乘勢四下屠毒吾人民囊括吾財產盤据吾要害待吾者波蘭不得開學堂用國語待吾若印度不得爲議員與國政則吾中國非永亡於世界大地乎

得近日報俄人于宗教自由一問題已通過矣夫俄國專制政体之廻護物有三而宗教其最重之一也今此

時評

關已破。則俄人之得自由不遠矣。

蓋至是而世界之專制國必不能再出現于世界而中國之興亡則即視其事之通與塞以爲衡國民國民亦

有望人之食而一爲流涎乎

玉碎尋常事英
雄不死全誓除
頑固黨痛失
自由權入夢還
憂國傷心欲
問天江干明月
夜孤憤不成眠

# 東報時論

東報時論其可以增吾國人之智識學問者每日亦選不勝選。茲特以各報中採其精要者短其篇幅以省讀者之勞廣其門類以集寰宇之識內地雖不能讀東報苟得是則亦可以識其大畧矣。

●大勢……………………………………二篇

○歐洲人口論

千九百年終陸維秀及明野秋二氏調查全歐之人口共四百零一兆九万八千。面積二千九十万六千四百六十八方里即每一方里平均有人口二十八。據千八百六十年之計算全歐人口不過二百九十八兆千八百三十年二百十六兆千八百年僅百七十六兆耳可知歐洲之人口于十九世紀之中增百分之百二十九。實二倍于前而其中遷徙于他洲者尚勿計也。歐洲人口最多之國爲俄羅斯據千九百年之末俄國之人口合芬蘭地及亞細亞屬地而算得百三十六兆。邇來上百四十兆矣。蓋俄國年增人口二百万以爲常也次于

俄者爲德有人口五十六兆次墺國四十七兆次英國及愛耳蘭四十一兆次法蘭西三十九兆耶次意大利三十二兆

按歐洲人口增加之程度其在東方爲尤速千八百七十年以來俄國之人口增百分之五十塞維亞及希臘五五羅馬尼亞增四十而西方之英國增四三和蘭四二德意志三十白耳義三四墺大利二八瑞西匈牙利皆增二五南方則增加之數益少意大利增二一西班牙增一一葡萄牙增二七而全歐各國除愛耳蘭反減一八不算外最增加遲緩者爲法蘭西增僅增百分之八耳

〇英國之勢力

自亞東至英國途次所經有支那有馬來島有印度有埃及山川風土千狀萬態人種猾獉醜類繁多而其占有大勢力一貫于其間者惟英人上海者東洋第一之大港美法雖有租界而寂寥不足觀惟英界則繁華壯麗加人一等而英屬之香港其港灣之設備行政之設施一出于英人之手其惟多利亞街中有巍然高聳之滙豐銀行者修飾莊嚴幾攬支那財政流通之大綱而其主則英人也彼處出入之商艦往來如織俱樹英國國旗而他國之船不過寥寥數十艘而已新嘉坡者爲熱帶產物之淵藪供給南部亞細亞及南洋諸島之製造品年額至五億以上幾敵支那及日本各埠之全貿易額焉彼南者商業雖大半爲新嘉坡所奪漸次衰退然尙儼然爲一大都會此兩地與馬拉嘉及威來斯諸港現均爲英領海峽殖民地噎盛矣是數處者支那人之事業甚多而提其大綱爲其主人翁之位者仍不外英人且其歸化英國者甚多德英人之心頗盛如彼南

之埠頭有石造之鐘錶臺焉上書支那歸化英國之臣民某謳歌先帝之美政蓋祝即位五十年大祭之所建也況彼處土人用爲衣服料之最要物品非印度之紗即英國之木故其與母國之關係堅固異常錫蘭者亦與其他亞細亞南部各要地彷彿其初爲葡萄牙之殖民地後屬荷蘭今亦入于英人之手其裸種之土人尙帶有荷蘭之面影而恒河之聖池尙存荷蘭人之石垣而其行政官五人盡屬英人矣其佛寺所飾之佛像大抵皆英軍自緬甸所取來之物且英人頗示寬大佛教與基督教竝尊所謂循其俗而變其政也哥侖布者全爲英人之所經營築港灣爲大堤皆以英人之資本爲之產物有橡皮可供各種之製造有紅茶供英人膳飲之用有眞珠供倫敦英人飾頸之需若錫蘭對岸之印度更爲英國之第一製造場矣近年以來殆全用機器除摘茶以外幾無土人用力之所故所有事業全屬于英人蘇彝士運河者其初爲法人所竣功世界之一大事業也今雖尙屬于法人而自倍根斯非德侯收買埃及國王股票以來其本大半入于英人故其大權亦不得不在英且埃及爲英之保護國英兵屯戍于其間者甚多一旦有事運河必全爲英有非虛言也其他印度洋面之壘利嘉司及薩馬拉紅海內外之亞丁及配利磨地中海之薩伯剌司蠡爾他及賓伯剌他凡東西通航之要衝無不委之于英平時之貿易戰時之運動英人綽綽然自由哉噫日浸月盛吾恐英人之勢非若此而已東方之老大病國亦將隸入之英版圖矣

教育……………………………………三種

○井上圓了氏之東洋倫理與西洋倫理之差別

雜錄

| 東洋 | 西洋 |
| --- | --- |
| (一)縱的人倫以父母爲人倫之始 | (一)橫的人倫以夫婦爲人倫之始 |
| (二)以家族爲社會之單位人依家而立故爲家族之組織 | (二)以個人爲社會之單位家依人而立故爲個人之組織 |
| (三)家督相續無嗣子則收養子。 | (三)無養子之制度。家督不相續。 |
| (四)東洋之國以歷史而言爲一家族之發達故重家族。 | (四)西洋之國不過爲個人之團聚。 |
| (五)儒以孝道爲人倫之本故維持縱的人倫。 | (五)基督教以愛人爲人倫之本故維持橫的人倫。 |

○小崎弘道氏之論東西文明之長短

頡德氏所作之泰西文明原理中論古今文明之差別曰古代希臘羅馬之文明爲現在主義近代歐洲之文明爲未來主義所謂現在主義者何。凡個人家庭產業道德宗教俱爲現在而存故其極也遂不得不受制于政治主義軍人主義于個人則以倫理與快樂同視于國家則以道德與利益同視者要皆此主義也斯督克派之主我說者亦此主義也羅馬之行虐殺幼兒之風習存奴隸虐待之惡俗崇尊帝王如神皆此主義之發現是古代文明之根本義也現在文明之根本義則反是不爲現在而在未來人也者不爲個人爲一己而生乃爲他人爲世界而生此所以與現在主義大相反也蓋古代之道德以順境遇爲主而今者以良心與神意爲準遂至有惡克斯經之「懺悔錄」而道德不能自進矣」余固非以頡德之說爲然者也然以頡德所論古今文明之差別移以論東西文明之異趣不亦可乎

福澤諭吉先生之論倫理敎科書

先生曰凡德敎之書成于古聖賢之手又出于其門無論其主義何如天下後世尊信其書者尊信聖賢之德義故也支那之四書五經印度之佛經西洋之聖書皆以其人之德高望重故其書亦隨其人而傳人皆信仰之假使今者尋常一男子忽吐奇言或席上一講師偶辯一論適與聖賢之旨相合則吾知天下必不遂信其言而尊崇其人何以故特以德義上尚不足信其爲人故也

●科學……一種

○原質觀念之進步

原質之觀念深入人腦由來已久太古之印度以火風水土爲造物之神夫言火風水土則明爲原質之意也在昔希臘早有原質之說以謂乃由神力而來爲世界之源其初希臘之哲學家唱之以爲必有一原質爲衆物質之始或曰風或曰火其後始以火風水土竝稱及亞立斯多德氏出唱火風水土皆屬一物質不過異其形代表温冷乾濕而已是說也盛行于世殆二千年不息其說大概與支那相似曰火温而乾風温而濕水冷而濕土冷而乾故火之温性移于水可變風火之乾性遷于水可成火火風水土之外一切物質互相變遷于

雜錄

是萬物變遷之說始出。然此等無據空說。流于學界。爲害甚鉅。當歐洲黑暗時代。亞剌伯人雄飛于思想界。與大學設圖書館。研究一切之學。尤熱心從事於化學。然其所以熱心于化學者。蓋即妄信亞氏物質變遷欲以賤金、鍊成貴金。時有鍊金師名釣巴者。立說賤金屬中多含硫磺。貴金屬中多含水銀。若能于賤金屬中去其硫磺入以水銀。即成貴金。然欲製之。當用『仙石』最爲有効。所謂『仙石』者乃秘法也。竟莫知其由。鍊金術之說。漸入于歐洲。盛行數百年。或曰鉛可爲黃銀。或曰『仙石』可延人壽。當時歐洲之皇室。以財政艱難。常保護鍊金家。奬勵其術云。

至十六世紀開幕之初。鍊金術之不足信。漸爲人所覺。同時又知化學之目的。首在製藥。于是面目一新。然原質之觀念。依然滯而不進。至有「物質之中含水銀硫磺及食鹽三原質。若不調和。能令人体生種種之病」之說。逮十七世紀之中葉。卜衣兒出。始一刷原質之說。而新之。唱導物質凡至不可分析者。斯謂原質之說。又至去今百二三十年前。拉伏鳩出。始排從前然燒煆煉之謬。而一正之。又定原質不滅質量常存二大原理。爲今日化學之基礎。基礎既定。于是始先後孜得七十種之原質焉。

今日所有原質。其數凡七十。雖皆爲獨立之物質。然恐此等原質本爲一原質進化而來者。非眞原質也。是說也。自昔往來于學化家之腦已久。近頃五六年間。經各種考驗。其說似益眞。茲舉從來原質唯一論之根據言之。(第一)一切進化論。(第二)研究天体之分光。存于温度高之天体者。其原質數多。存於温度低者。其數少。(第三)原質間之關係。如碌氣之與碘溴。鎳之與鈷。竟無大別。近年至蘇納線、鏻毒金線、倍該路線等之發明其說彌信矣倍該路線者、以鈾與鉒及其他二三物質相合而成之放射線其放射最多者實惟鉚後經種種之考驗知鉚之爲物帶有陰電氣之微分子其大小不過輕氣原子之數百分之一乃至千分之一其性質與鈾鉒同出一途且又與蘇納線酷相似由此觀之凡物之微分子有共同之性質實爲通共之質可知也吾故曰今日所知之原質均非眞原質他日考據精詳推察及于微妙必能得其源始之物質也此說若眞其於原質論上又與一大變革矣

# 雜錄

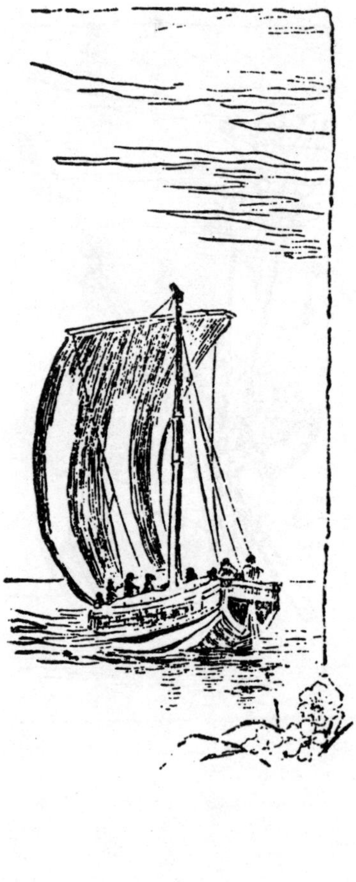

# 奇奇怪怪

●猿語研究談（承前）

研究猿語以蓄音器爲最要蓋初雖憶記其二三終辨明其用法余嘗于箱中食時衆猿環居而視作 Whoo-w Whoo-w 之聲余亦傚之曰 Whoo-w 猿者就食食畢復至余處求吃余因知 Whoo-w 云者猿之所謂食也

余爲研究猿語之故嘗至亞非利加非拉子湖之森林自嘉苦港上陸沿河行二百餘里是處有一種獼猴蟠據森林中醜類蕃殖余因置箱而居焉彼處老樹猙獰有直徑八尺高百餘者葛蔓延如網又有毒蝎蝮蛇匐行出入殊不畏人蓋視人亦爲一動物也

濃蔭蔽日雖晝如晦夜則月色希微彷彿透入綠影樹葉腐敗空氣陰濕時發惡臭而余處于是室三閱月也

余所居之箱廣濶十四立方尺張以鐵網復以綠葉下置四足箱中備有一桌一椅及火油鍋竈蓄音器手鎗照相器等幷各種食物箱中所蓄數猿皆靜隨余居宛如一家每晚常有虎豹之類至箱外向箱而嗅當時余亦不覺自爲人矣

余非考猿語已也又察其風俗習慣焉中有最奇一事即猿所自呼爲盌喬者是矣盌喬者何祭祀之類也一年必有數次先作舞蹈會諸猿群集躑躅跳舞又多聚河泥調以漿水捏成圓形待其乾燥成一大鼓凡祭時數猿執鞭擊之訇然作聲衆猿應聲起舞嘗于明月夜鼓聲大作則衆猿麕集來赴矣其鼓直徑有八尺者有

十尺者。余曾攜一鼓歸現置于野牛府之博物館焉。

●支那人曾發見美洲于千五百年前

距哥侖布尋得美洲之千年前已有支那之人至其處。是說也。有種種之證可據。而最確者。爲近年于中央亞美利加所發見一佛寺之古蹟。推其物質。當是千五百年前之物。蓋爲支那宣教師所建。而其後千餘年始爲西班人等所毁者也。夫哥侖布之得美洲。歐人推爲世界空前絕後之事業。而不知我祖國偉大之國民。乃早捷足而先得之。惜哉後無繼者。雖有豪傑。亦湮沒而不彰。吾于是爲我祖國歌。爲我祖國泣。

●似蟲之人

世上人種。其類各異。而最奇者。莫如俄國墨斯哥地方之民。其人于上半年則飲食起居如常人。于下半年則蟄伏如蟲。長眠絕食。凡半年。英國醫學雜誌曾記其事。曰。此等人種。當自不可記憶之上古移下之風習。每歲冬期見雪。則各戶之家族。即環集炉邊而睡。日惟起一次。稍食一種麪包之類。添薪于火。而後再眠。凡六閱月。至草木萌芽。則各家啓戶而出。從事農業。作業半年。則又蟄伏矣。其土人稱其蟄伏曰「陸齒加」云。

●似人之鳥

白耳義拉哥維薩氏。近于法蘭西之學術雜誌上。載南極探險之記事。中有似人鳥一節。是鳥乃氏所發見者。名曰企鵝之鳥。身高四尺。有奇頭。黑色而帶一種異彩。如人載冠然。兩翼美。如人之着外套。兩足肥大。徐步而行。直立如人。頗具威嚴。遠望之不異于人。夫企鵝之能直立也。因名曰企鵝。而此鳥又能而似人。因名之曰企鵝之鳥云。此鳥不能飛翔。惟善于泅泳。故常居于水。

●鼠之性質

鼠之為物黠而劣。其性必有異于他動物者。因有人考之。得下之數條。

(一)鼠性善疑而富自衛力(二)其生產之地。每次必遷移。決不重至前處(三)鼠生後四十日。即能長成而生育。其生育每次或八隻。或十二隻(四)鼠富于忍耐力。能勝交己身重之物(五)陷于危險之時。能使他鼠知之。如落于器中。則器外之鼠必知之(六)鼠之臭味各不同(七)鼠每陷于危險之際。能發一種異臭。一欲求逸。一以使他鼠嗅而救之也(八)鼠之穴必有一備逃遁之路(九)凡能作聲之器上。俱勿立行(十)鼠能絕食至二十四時之久。鼠之食物因其土地而異。其最喜食者大概為蕎麥殼蟹胡桃麻種花生米粉糖餅油臘豆等。然無一定酷好之物。

# 雜錄

## 留學界記事

陽歷二月十日日本新聞

博覽會報

有西正俊氏等就本館正門外百五十坪之地設立人類館雇北海道蝦夷臺灣之生番琉球朝鮮支那印度爪哇等七種人於館內演其固有特性及生息之程度階級並其惡風蠻習等以供觀覽業經坪井博士協贊刻下已雇定以上七種人云云

陽歷二月十一日國民新聞

有西田正俊氏發起設立人類館於會場正門外約占地三百五十坪雇蝦夷臺灣之生蕃琉球朝鮮支那印度爪哇等七種人於館內演固有特性及生息之程度階級以供觀覽大演技次第悉照坪井博士調查世界風俗寫眞帖辦法云云當時學生既得此報會館幹事即日集議草一文報告各處其文曰

嗚呼支那人！嗚呼支那人!!

「嗚呼支那人嗚呼支那人」吾儕者不知其地位而今而后吾知之矣吾儕者不知其品格而今而後吾知之矣聞諸西人之言曰「廉恥者上帝特賜之品」又曰「由小國而進爲大國由弱國而進爲强國者其必自知恥始由大國而墮爲小國由强國而墮爲弱國其必自不知恥始」吾國統四百兆民家擁二千萬方里以與地球各國偉大之國民魂異之種族相角鬭孰勝孰負間不容髮知恥與不知耻其存亡危急之關係哉嗚呼

雜錄

噫嘻謂吾國爲不知耻耶則驕者且曰黃農姚姒吾之鼻祖也山會島長吾之世僕也平原大澤山廬水屋吾之良室聰也聰明特達秀絕一時者吾之佳子孫也吾民何爲而不知耻嗚呼、噫嘻謂吾國之人爲知耻耶則勒英女后之紀功碑獻日本天皇之元旦頌者吾海外之民也牽聯軍總統之轡揭各國順民之旗者吾北方之民也妻女淫于意兵而不知羞墳墓抉于法人而不知痛者吾南方之民也吾民而何爲知耻也孟子曰、「人必自侮而後人侮之國必自伐而後人伐之」數百年來吾國受侮受伐之事擢髮所不能盡矣吾不忍道之吾又不能盡道之往者已矣吾姑語其最近者大者已矣吾姑語其最小者大阪之博覽會日本之盛舉也各國冠裳雲集以攻察其工藝商業之盛衰進退有講人種學者設人類館于博覽會之門豢養支那朝鮮琉球印度蝦夷臺灣生蕃爪哇等七種之民於其間而演其頑風惡習以爲會衆觀覽嗚呼甚哉此舉也吾不知日本人何心也若即度琉球已亡之國而英日之奴隸也若朝鮮俄日之保護國而吾之舊藩屬也若爪哇蝦夷臺灣之生蕃世界最卑之人種與鹿豕相去一間者也吾支那人雖賤何至與此六種人駢首並足耶且印度臺灣蝦夷何一非亞洲之土產物又何苦陳此醜穢之狀態以供泰西各國之一笑也吾又不知支那人之何心也而高官數十巨賈數千百捆載其貨物車輦其金幣而親覽吾同胞之下等者躋之於六種之族類而知之而不問之而且靦然甘之不顧也夫吾國先哲有言「哀莫大於心死」吾不解吾國人之心死與否若猶未也寧不知今日之事吾國之地圖猶未換顏色吾國之上下猶未稱臣妾然而與印度列此奴隸我也與朝鮮列是厥養我也與爪哇蝦夷列是明明生蕃我而野蠻我也抑吾觀日本各處遍設動物水產各館今又有人類館之設是又明明以動物目我水族目我也「嗚呼支那人」奴隸猶可言也厮養猶可言也生蕃而野蠻猶可言也氣即卑志即陋靈魂即澌滅淨盡何至自等於禽獸蟲介而不知耻耶抑吾思之自甘於奴隸故必更降而厮養自甘於厮養故必更降而爲生蕃野蠻自甘于生蕃野蠻故必更降而爲禽獸蟲介達爾文明進化之論謂人爲猿之進化物然則禽獸與蟲介安知非吾人之進化物哉奇哉奇哉日本人之有此圈檻也善哉善哉支那人之有此因果也「嗚呼支那人」昔時爲華屋今也爲山邱昔時爲欒郤今也爲卑隸其亦有悲之憤之起而挽救之者乎詩曰「父母先祖胡寗忍予」先祖維何黃帝之謂也又曰「如彼疾風亦孔之咲」咲者維何吾咽啞而不能言之謂也「嗚呼支那人嗚呼支那人」謂其不信盍觀所譯之新聞謂其不耻盍觀所載之圖畫同胞同胞吾又何言如是我聞愼勿造因

是稿既成而日本之印刷局又遲遲不能即日出版也留學生乃商之大坂孫君實甫孫君初聞此事即憤之竭力謀此事其來函有云「如日人果不撤去則大坂中國商將于開會第一日舉黑旂以誌哀而不作賀禮」後日人不得已乃去之至近頃又以福建產物問題留學生全体大譁現方在力爭中未知其結果

留學界記事

雜錄

# 若英雄逸史

任克

普露士亞皇后路易設

悲哉吾何忍讀路易傳吾讀路易傳一字一滴淚一淚一成血吾聲啞吾肝破腸裂餘哀猶未盡也然而吾焉敢不草路易傳與同胞共讀之以哭路易之淚之血以哭我祖國也

吾以言人情也則生離不若死別吾以言國事也則附屬不如滅亡寄人籬下賣媚異種苟知人禽之界焉而何以受之魔王那破崙既狂吼一聲以出現於十九世紀東攔一把血西斬一握草幾令全地球國之代表皆屈膝出入於其胯下而當時之普魯士亞則蕞爾小國受創最深吾閱其籠城圖吾讀其亡國記目其痛齒其噤也

而斯時最猛最俠最愛國之皇后路易設則困於四圍楚歌聲裏東望慘白降旂西望鮮紅頸血淚且滾血且沸身且慄且戰僅僅以冰冷之手抱其幼兒旣嚙且碎之唇接其幼兒之額酸楚叮囑曰「兒呀普露士亞汝祖國也幸長毋忘汝國仇毋忘那破崙」破國山河春城草木此時果路易最慘痛最悲憤之一日乎而此實路易最揚眉吐气一紀念日也蓋彼所偎所抱所淒淒叮嚀之一丸覆巢卵即後來以貔貅十萬逼那破崙三世于烏江盡頭之日耳曼大皇帝維廉一世是

蘇泰流放衝突那破崙之潮流威靈比德死桎梏那破崙之器腐斯時那破崙如虎生翼野性大發提其二十萬悍將小試于普露士亞國王旣蒙塵出走而皇后路易曰「國可滅不可辱與其低首下心而飲此一卮奴隸水也甯以我同胞之熱血濺魔鬼」乃躍入戰塲中自率三軍以決背城之計其說于士卒曰

普露士亞者乃同胞之國非一人之國也誰君如願以如荼如錦之好江山以拱手獻于虎狼飽其慾壑斯亦已矣否則那破崙之肉肥而可食哉那破崙之血甘而可飲哉諸君諸君盍以頭顱汗血拼得之

於是軍威大振羣曰願製巨砲於我軍後不還我完全無缺之普露士亞誓不生還也千八百零六年佛國大軍壓柏林路易設奮身抗戰者數十次嗟乎螳臂當車微虫搖石秋十月霜月沉沉鬼火陰陰而短命之普露士亞竟長逝皇后于敗軍隊裏絕叫一聲「我何面目以見國民」拔佩刀橫勒其腹馬蹶人墜

哀哉路易設其殉國而去乎幸而裨將奪其刄未獲致命也乃收拾殘軍倉皇逸去以圖後效

而斯時莊嚴煥麗之普露士亞之宮闕仍高立雲表默默無言惟見新人長哭而來不聞舊主痛哭以去那破崙既一戰而勝遂占領普露士亞皇宮搜索路易設之私第讀其書翰復指壁上小影語曰「卿乎美人乎吾見卿容吾魂飛去卿乎英雄乎吾讀卿書吾魄褫去雖然吾愛卿吾畏卿吾誓必作難於卿」

同種仳離故都禾黍路易設既負北乃奔于其夫駐蹕地扣由斯敦時適十二月中浣山瘦水涸雲凍煙沈瑣尾流離游撲鸝蔫曠原夕陽無語翹首宗邦痛定思痛歎曰「恨吾以一腔熱血沸點過度卒至卵石不敵國破家荒今日同胞割慈忍愛背

井離羣漏網於血風肉雨竄身於蜒雨蠻烟誰貽伊戚而至於此今日我祖國四分五裂屈辱於人銅駝荊棘滿目蒼涼誰實爲之而至於此此皆吾之咎也嗚呼祖國嗚呼同胞不能護汝又安用此區區者皇帝爲也」雖然我路易設其忍焉而與之終古乎臨淵而羨魚曷若其退而結網也千八百零七年六月以露佛交涉故亞力山大與那破崙會于其西得普國王帝思挽既倒狂瀾乃以喪家孤犬尾於後以乞櫟還故土之憐不料滿腔亡國之淒涼僅得博那破崙一塲揶揄耳當時要求普國議和之條約如左。

和議告成之日普露士亞之版圖盡歸佛蘭西佔領。

普國之行政權須歸佛蘭西掌握。

瑪賀倍兒希要塞須歸佛兵守護。（瑪賀倍兒希爲普咽喉既歸佛兵守護則普無生日矣）

而其最惡譃最荒謬之一條則爲和議須普后親手簽押云云而是時那破崙作難于普后之言尤有極褻辱極慘酷者噫吾何忍述之也普國君臣不得已致書招之。路易設接手書無限之淚如急兩跳珠濺蹴紙上欷歔曰「我其忍搗首以求和也何必有今日雖然有靈魂必借軀殼以發揮苟其獲千鈞一髮之繫也犧牲我身何惜焉」急驅車往其西得會那破崙於集議堂斯時挾國仇之憤服國喪之服與那破崙尋常一禮怒目高座揚言曰「以大王蓋世之雄而乃謀及婦人妾雖蒲柳之質然頗不懼摧折今日挺身自首願大王醢之烹之以息怒」四座聞之盡蜎縮鹿慄而那破崙鞠躬微哂曰「卿何盛氣臨人孤愛卿僅得賞名花于畫中特乘今日之機緣一慰思慕耳復遺座於普后之側親執其手皇后正容却退怒聲叱之曰「陛下今日此會爲國事耶爲凌辱微弱耶興盡悲來莫道亡虜無血氣也」噫沙漠獅子乎聞斯言僅得屏息歸座而已言次復問曰「知己知彼百戰百勝卿奚其驅午羊以飼餓虎哉」后答曰「不敢辱先人揆逗利希之光榮不敢辱國民錦繡之山河是以拚頭顱以擲孤注」翌日張宴那破崙折膽瓶中迎輦花一剪綴普后襟紐笑曰爲卿卿和議告成之預賀后答曰「敬謝深情請以此花與瑪賀倍光希同歸故主」嗚呼昔英后美孋求卡雅婁要塞于佛不果每語人曰「若得剖見吾心肝其中必印有卞雅婁血注之數字」若路易設者與英后誠同病相憐哉

千八百零九年。和議告成。乃與普王同車回柏林。蕪城枯苑。益增棖觸。后乃日從事於薪氈膽栗。誓必圖破釜沉舟之報。時忽聞佛蘭西民黨。以顚覆那破崙專制辣手之祕密結社起。后竭力贊成。夫乃捐金以資助之。慫慂國民以聯合之。已復剖心瀝血和淚和墨。著國仇之詩歌。布散于民間。以發揚其愛國精神。噫。屠龍高手。卒獲驪珠。誰則云。馬矢石室。爲悶煞英雄地也。

千八百零十年十月。后卒以憂國之故。罹心臟疾以逝。病中后大呼以冰雪飲我。羣以苦寒告。后曰「吾支體雖冷。而心中正苦熱也」及將易簀。僅發其裂帛之聲。絕叫國仇!!!國仇!!國仇!!國仇數聲而已。

夫路易設者。極危難。極困苦。極失意之英雄也。然其過去之生涯則沮喪。而將來之生涯則極揚眉吐氣也。后沒之第四年紀念日。普露聯盟軍逼那破崙于冰天雪海中。而斯時以一頂桂月冠。陳于路易設墓上。大呼卿。吾爲之雪恥者。乃普魯士亞王其夫是也。及沒六十年之紀念日。適普佛大戰爭畢。而那破崙三世。虎牙落。鷹翅折。斯時以彼一通受降書。陳于路易設墓上。大呼母。兒爲之雪恥者。乃維廉一世。其子是也至今日春秋祭祀穆穆皇皇以九重至尊布奠于路易設墓者即今德意志王帝其孫是也悲夫讀路易設傳令我思令我歎令我長夜茫茫其無寐也何則人之亡國也以暫我之亡國也以久嗟嗟神州我亦傷心日愧向蒼苔讀舊碑我同胞我國民其誰以黃龍一卮酒奠先君之墓而泣告者哉雖然且以路易設傳爲之爆線爲之鏡影讀此者其振袖以興乎

苦英雄逸史

小說

# 海上逸史

太公

◎葛瑪航行印度事

初歐洲當一千五百年前西南一王國曰波爾脫瓦爾時親王亨利抱遠志善航海術以是名聞一時亨利聞東南有印度一大陸金銀名香咸薈萃焉決計遣人探尋之事初議亨利病未幾遂賫志而沒不果行時葡萄牙王竹恩第二世薨嗣立者名哀瑪凝爾即親王亨利之姪也有叔父風誓欲繼遺志爲己任而名馳五百年爲今日之航海家異口一聲嘖嘖稱羨之葛瑪遂崛起於是時一千四百九十七年七月葛瑪奉王命使行予以船三艘水夫六十人葛瑪遂起行向印度進發行至數旬過亞非利加之拖脫岬島自此後洋面漭瀁一片毫無涯際終日接於眼簾者惟水天一色而已經三月船益南進至十一月初四日船上水夫遠遠瞭望忽見有一島若隱若現船上人久不見陸地至是皆大喜握手道賀換著新衣待上岸然是時計達島岸尚須數日是島即數百年後爲歐洲最有名之法帝拿破崙被流放之處所謂

洒脫黑爾納島 Saint kelena 是也。抵島後。船暫停數日。復南進。時暴風驟至。船幾覆。船上皆擾亂驚駭。卒慶無恙。十一月二十日。始繞過喜望峯之南角。二十五日。波蘭脫瓦爾之航海家鞠池氏。以過亞非利加最南之海。遂與相遇。同駛行進向北方。逮一千四百九十八年三月初旬。始抵東海岸一海峽。名摩才姆必柯之碇泊塲。當是時。摩才姆必柯為亞喇伯人領地。信回教。紅海與印度之間貿易繁盛。一切商業利益。均握於亞喇伯人掌握。彼等知葛瑪等將往印度。必於己之商業上有妨礙。羣思有以阻撓之。使不能成行。葛瑪見彼等狡猾萬狀。易受侮。定議僱用該地土人數名。為水手嚮導。急起錨而行。再向北進發。路過基爾陸阿及門能治沙等地。停泊一二次。其人用意與摩才姆必柯相同。以為葛瑪此行。彼等將大不利。至欲設法使三艘擱陷淺灘上。其他陰謀詭策。種種不能殫述。幸葛瑪仍僱用水手嚮導。始免於難。繼達阿林治地。居民和藹可親。飲食品暨需用各物。贈遺甚夥。并代僱諳練港灣之水手嚮導多名。時不幸遭信風。信風者。印度洋之風也。冬季半歲發於北東。夏季半歲發於南西。每歲有一定信期。故云。葛瑪等因信風暴烈。即暫行滯留。至八月初六日始行。經二十三日。抵印度國阿臘罷海岸地名加利加脫居民得報。羣情洶湧震恐印度全國夙分析不統轄加利加脫古有豫言相傳云是地將來必被白人吞併闖入爲主今見葛瑪等航海蒞境目爲敵人豫言將驗洶洶不可終日幸有青鳥家多人極言豫言時期尚未到是地居民愚蠢如鹿豕不知國家不知政治一以符咒占筮奉爲金科玉律至是聞青鳥家言羣議始息事迺寢加利加脫王聞葛瑪等携有商品多種思與通貿易迺以豚鳥及椰子等物饋遺相望葛瑪相機行事蓄念已久至是議選貌帶黴黃與白種人小異之十二人衣黃緞衣上披赤色天鵞絨持彫刻品膢以細緻磁盆犀銳刀劍偕詣王宮未行而警報至初葛瑪之至也豫言之惑雖解居留之各國商人開會聚議知白人蹤跡所到必被蹂躪占奪利益無已時又見國王將與通交好益懼迺竊運動王初猶豫未幾決計欲發健卒襲殺之幷奪其船爲犒賞事洩葛瑪知危甚遂起錨錙重棄其半堆燥岸畔臨行時指而揚言曰某等不復此仇有如此物行後又迂道至加利加脫之北地名懇納陸爾是地國王待以優禮通殷勤彼此交易頗夥鞫將行遣使指示歸路歸時無事可記計出航日迄回航共二年有八月是爲葛瑪航海第一次相傳葛瑪此行以第一次航海總費用相比例約得六十倍利益嗚呼亦人傑矣哉當是時波爾脫瓦爾王聞葛瑪歸國大喜旌其功使入貴族班兼授印度提督之職葛瑪歸國後處心積慮日以報復加利加脫宿讎爲事迺製造大船五艘小船五艘載積大砲兵器無數糧食充牣水手人夫精選而敎育之復向印度進發重抵懇納陸爾國時國王聞葛瑪再至益出其狐媚政策以求親愛幷聞國王不知同種同國之誼曾向葛瑪立誓曰無論何事如有驅使我懇納陸爾當舉國惟命是從葛瑪大喜與通商締結條約加利加脫王聞葛瑪復至將與啓釁驚懼甚急懸休戰旗於海岸以示屈服既又遣使述願與波爾脫瓦爾結約互市詎葛瑪急欲雪憤不許捕使者拘留艙中侮辱百般翌日遂將大砲向市街轟擊時加利加脫適有大船二小船二十二未知國有戰事由他處駛歸葛瑪等設計奪獲之繼知中有懇納陸爾船六艘釋之始歸葛瑪亦返航王知之大怒集臣下會議其事有獻策者曰急造多數戰艦與決一死戰然葛瑪已行矣製造戰艦一事徒騷擾無所用葛瑪復向交趾支那進發交趾支那王待遇之甚厚葛瑪迺

於於地設一代理商店凡關本國商業上事歸其辦理一千五百二十年乃歸國後一千五百二十二年又由印度而至交趾支那翌年未及回國以病終

外史氏曰印度之亡也五百年前已燭照而數計矣甯俟十九世紀哉同一國也分崩離析弗統轄之其極至如懇納陸爾之自相離貳若加利加爾者初欲拒之繼欲媚之至求媚之而不得抑亦愚矣君子曰覆祚之券固如是夫然膏肓毒螫瀰漫充塞於五百年前而已然異矣悠悠黃種於葛瑪夫何言

◎陸治斯南極探險事

世所稱冰山雪海蹤跡罕到之南極一經思想家運動神經夢想所及意必有無量數之異聞奇事千珍百怪紛閎雜遝而不可思議昔時探險家亦項背相望蜚聲青史然卒未聞有一瞑不顧浩然作南極遊者何耶寒帶凝冱四顧蒼涼葬身冰窟雪窖固意中事有之則距今六十年前英國海軍士官陸治斯氏是也氏豁達有大志性勇敢殆夙禀然耆航海術常喜爲大言一日木立海濱南風冷然撲面陡發遐想竊念倘得一遊南極得其要領爲我盎格魯索遜人種新領地豈非將來歷史上一

段大沿革事否則挾珍奇歸亦能使我英國博物館放一光彩增長學識見聞一新耳目不失爲物理功臣何懼何疑而不爲此嗣後日計畫南遊念此遊最險係船遇冰塊立齎碎事乃選良材鳩工起二艘堅固異常一名愛來培一名泰陸爾尅日告蕆選拔水兵若干人載兩年糧老成持重之親友暨妻子等聞其事多危之至有施勸至泣下者陸治斯頜應之而已一千八百四十年十二月十四日遂起程由紐齊蘭特南端之加培兒島進發是年南極值冬季頗和煦行十日海面如晶鏡鋪平冰未見二十七日船達南緯六十三度忽見無數冰塊隨風簸揚直撲船舵越二日測量海底知是處深至千五百六十尋益前進時正月四日也羣向艙面瞭望南方一帶全是銀色冰塊大如怪峯突兀直衝駛飃越五日船忽緩行見有千百冰塊礰碌圍繞四周若在旋渦中當是時日色蔽光天黯淡作灰色凍雲片片亂飛北風挾之嗚嗚怒號不休俄而又變爲暴風洶湧澎湃冰聲水聲相間雜越二三日變幻較前更甚長空如罨萬籟淒然船中人面相向失色其形狀非撮影不能描寫垓下被圍四面楚歌或庶幾髣髴之陸治斯慰藉數四曰海面廣濶必無慮乃復前進風稍止

波浪亦漸平穩惟天氣益寒冽一日忽降雪前途冰山相對四面雪花如掌大紛下不休息兩船形影相弔此情此景淒涼萬狀翌日西南角隱約間似有陸地發見舟人狂喜皆脫帽慶幸鼓勇氣直前進至十一日午前距前所見地細視非大陸係一雪島高聳雲際午後駛過南緯七十一度十五分即昔年著名船長柯果氏經由最南點處也嗣後鼓輪如矢薄暮時距雪島僅六里許舟人議上島一游周視數四島岸高約數十丈層冰包之大波怒擊其上路徑殆絕僅得寄附其傍而已是日海波平穩欲眺陸地方向蠶聚艙頭前面雪島一帶益明瞭正如貝闕銀宮炫爍海上俯視水面冰塊幾百羣絡繹往來不絕舟人至此宇宙之美觀人生之樂事覺無以過之次晨陸治斯仍擬上陸放一小船乘之指岸行未及里許浪挾冰塊衝突之勢益劇烈急迴棹傍一小島抵岸懸國旗作紀念物誌不忘寒地無草木片影尋視島中但見幾百群名配助絲之海鳥飛鳴棲息其中是鳥性凶猛航海者苟上岸爲所見必羣起追噬陸治斯小息島畔瞥見愛來培船上赤色旗高舉隨風飄颺舉赤旗者召陸治斯使速歸也乃下小船轉瞬間大霧四塞潮向南流越一點鐘即昏黯迷歸

路至十四日見大鯨魚無數銜尾揚鬐而過十五日北西一帶隱然見山脈十七日露晴曦赤烏沐浴光燄射人向南遙睇又似有陸地如前經行一二天相距頗近舟人始知所謂柯羅瑪島者即此十九日船右一山突起海面高至一萬五千尺是爲有名之美爾薄崙山二十三日過南緯七十四度十五分地此即最南點自來探險家縱跡所未到二十五日颶風陡作舟幾覆恐甚停船一島傍欲上陸風不息空中冰塊因風飛舞打入艙中是時視寒暑表已將至極低度知離南方磁極（磁極者即南極最冷地名）（磁極者同驗寒暑用磁故也）大約不過二百里內外矣再進南一大火山在焉火光直冲雲霄黑烟繞之如萬條神龍行空際蜿蜒酣鬬舟人咋舌凝視詫爲奇觀更向東望猶海上平面測算約有百五十尺及三百尺高之怪駭槎枒高山數座實則皆冰山也時舟人有欲登冰山頂一游然駭浪驚波中見冰山時時震撼有羣起犇馳之勢迺不果時海面小冰塊千百成羣往來自由妨船前進陸治斯沿大冰塊而行取道東方一月二十九日寒暑表益搖動午後船已達南緯七十七度地然此時寒氣愈侵人海中冰塊愈聚愈多結隊而來皆與兩船若有誓死不相兩立情形舟人竊浩歎以船長

命令不能忤是時陸治斯見前途渺茫吉凶禍福決非意想所能及遂作一番將此次經歷情狀詳細備載置一箱中投之海二月二日抵南緯七十八度四分地到此冰塊愈大寒氣愈甚若再前進危難百出可決于是兩船定議轉輪相率取道而歸歸時再與冰塊衝突於巨浪中繼見前次所遇火山烟霧更甚四面銀晶世界中現赤焰萬丈流連不忍去至二十一日抵南大陸一角名安達海灣欲登陸沿岸冰為鎌鑰怏怏而返行十數日迺安抵谷斯脫了阿州之南端一島名達斯阿尼舟人始慶無恙一千八百四十一年十二月陸治斯志終未衰仍率二艘往一千八百二十八年間一船名尼摩洛脫曾發見一島即以尼摩洛脫名之後卒無至者陸治斯此次航行欲往是島窮究竟一路沿海岸行濃霧蔭蔽不得見次年一月十二日因遇颶風下錨二大冰塊間俄捲浪滔天橫斷鐵繩去大驚船逆風走不得止時又為霧迷霎時大聲訇然船身擱冰塊上懼甚急打破舵機始獲免修繕既竣約三月初旬時寒暑表已低至冰點以下十三度船首約距直徑四里許大霧迷漫中朦朧見兩大冰塊亦並行向南進未幾仍達前次航海極點地卒不得行乃返陸治斯念兩次

小說

南游。無所獲。頗不樂。沿海岸見海豹成群。衆銃殺之。携以歸。當記念物。聞歸時遇一最危險事。一日舵忽誤指。有大冰塊三聳立前面。避幾不及。疾馳過。遂免於難。

外史氏曰。陸氏在英國時。已任海軍士官職。功成名遂。苟其左顧孺人。右弄稚子。悠悠以送此天年。豈不樂甚。何爲乎冒萬險不顧。一之不已。至於再。其性質固度越尋凡也。語曰。千金之子。坐不垂堂。又曰。老死不相往來。我國之學說如是。揚波吹焰。訖于今茲。其效可睹矣。

# 文苑

## 東京除夕

觀雲

淒斷無家者今宵又一年江湖隨地濶鄉物動人憐夜雨關山夢東風海國先春光何限事已及豔陽天

## 東京元旦

觀雲

雄雞一喔榑桑白晞髮朝窗日射紅到眼河山開氣象橫胸杯酒數英雄幾回雁罫題新字何處龍旗望好風强學瀛洲賀年語衣塵驚落海雲東

## 庚子陰歷除夕述懷時在日本

富士始一

冬十一月歲辛丑二十世紀初哉首三神山客禹域某窮不死年四十九身寄海曲小於鰍目注全球炯星斗獻策不甘牛馬走買官不願綰印綬欲諮鑿空漫游歐此

生初入文明藪。埃及碑字捫蝌蚪，七千年統稽章蔀，希臘羅馬總其後。最近百年民大牖。（予曾至埃及希臘羅馬三舊都訪古）英佛獨露競進取。（此四國予羈跡最久）德固非齊地非醜。奈波翁一逞躪蹂。維納柏林盟存否。專制立憲難爲偶。白熊黑鷹孰雌守。共和政體古昔有。華盛重興約克紐，羌胡風腥楊塵垢。蠻夷不討專擅久，羅刹入海山獅吼，成吉苗裔隨招嗾，智者自勝愚者負。彼昏尚欲憎多口。新理日闢玄黃剖。舊習豈容全日狃。天子聖哲民父母。欲培穜穋除稗莠。羣宵乃敢肆蠅狗。雲雨蔽光翻覆手。八王亂晉周文羑。張角黃巾共抖擻，大陸將沈天黑黝，強敵壓境拉枯朽，罝兎公侯方赳赳，婆羅帕首已窺漊，（七月二十日八國聯軍逼北京午后三時英軍之印度兵從御河橋之南水門入城京朝官有見者不識爲印兵搴欣爲福祥之回回兵擊滅各國兵振旅還京也蓋印兵帕首有類相傳古畫之回回人且上月十九日武衞軍總統會奏大捷言擊滅洋兵於通州附近故京朝官心目中均以爲董兵耳）鍾簴不守冕失黈。聞鈴腸斷伊誰咎。行葦晨夕頌忠厚。衡嶽無靈埋岣嶁，是非功罪太紛糾。袒左未幾更袒右。舉國懜懜惟利誘，波蘭豈竟殊窠臼。衆醉獨醒相卯酉。恤周杞自煩嫠婦。且結愛國同文友。不在驪黃與牝牡。舉杯痛飲屠蘇酒。（日本風歲首飲屠蘇酒）更酌金龜惠比壽，（東友挈全家游江島飲於金龜樓惠比壽日本麥酒之名）

江島金龜樓餞歲和積蹞步主人元韵

受茲室主人

江樓餞臘迎辛丑。舊歷明朝履歲首。滔滔與易思誰某。歎息生靈厄陽九。參軍蠻府困池魚。且賦百篇飲一斗。倦看都督滿街走。中炫金章乙紫綬。浮海歷游非與歐。主人游歐羅巴兼游阿非利加歸程箸作探淵藪。昔年嗜古慕蝌蚪。昔年好治經小學及都韵曾刊經小學著作數種舊學商量蠲障蔀。綜覈財賦思毖後。曾箸光緒通商綜覈表十六圖說山川巖戶牖。曾箸中俄界約斠注七卷又帕米爾圖幷說一卷吉林仙藥任攜取。天女不知羅剎醜。腹地且被白熊蹂。遑向邊陲是耶否。桃梗漂流逢土偶。彼旣淪胥此不守。盼切文明新九有。舉杯試酬含樞紐。速掃陰霾滌塵垢。海國維新春未久。祭詩龕近蒲牢吼。送窮文奇鬼聽嗾。豪氣遏雲抒抱負。海錯山蔬咸適口。大蝦巨貝勞擘剖。啖腥不甘舊習狃。團欒兒女隨父母。教育如苗當去莠。貂尾莫令嗤續狗。早求妙藥不龜手。賢愚要在誕受羑。從此精神勗抖擻。聞說山陰有穴黝。現往探奇欄楯朽。洪濤濆薄勢雄赳。石際洄漩作溝漊。上有王者冕垂黈。保民百世無譽咎。孤島隆起土脈厚。誰信海中一培塿。喬松龍燈枝結糾。松入山穴下峻坂有松數本高百餘尺而託根之士不及一尺誠奇觀又有碑題龍燈松三字坂下有石臺昔年燃燈示舟之處此龍燈之所由名耶富士山高峙其右。溫泉伏流相導誘。伊豆箱根小於臼數山皆島中巢見攬眺渾忘日沒西。扶持尤喜得新婦。異邦樂聚親兼友。載詠駪征歌四

文苑

牡。椒盤索進屠蘇酒。洗琖更酌爲君壽。

春日偕積蹞步主人及夏地山夫婦又夏女循蘭再游江島再步原韻

受茲室主人

昔游恰憶月建丑。舉室團欒忻聚首。復况親朋偕某某。殘臘已過九分九。壯懷豈作魯生浙。且學乘槎犯牛斗。竭來春和到飛走。草木榮華鳥吐綬。游人雜沓兼華歐。我亦重來探靈藪。古碑剔蘚尋蝌蚪。列屋幛明覆豐蔀。櫻紂及時猶未後。波光花影搖窗牖。目遭心得供吾取。諸美畢臻絕妍醜。不忍落英輕踐蹂。惜花幽意花知否。相邀勝侶神仙偶。舊俗拘牽甯墨守。我邦女學嗟無有。闢故[illegible]新解樞紐。春風溶溶盪氛垢。積習銷磨冀悠久。晨鐘猛聽長鯨吼。喚醒羣迷應指嗾。異域遨遊斯不負。他年莫吝諄諄口。璞中良玉需擊剖。衆明獨昧何甘狃。欲培佳種先諸母。長養新苗去蓬莠。白衣雲影幻蒼狗。觸目風光春着手。東娃西女相導誘。濟勝凌崖自抖擻。梵宮遙望塗丹黝。傑構層巓垂不朽。村氓膜拜武夫赳。爭數金錢投於藪。塐像巍峩冕綴斿。神道設教誰歸咎。夏禹昔誇功德厚。沏石當年峙岣嶁。孰眞就假紛糾糾。總謂無能出其右。史傳釋典互欺誘。愚民幻術同窠臼。從今不信書二酉。追隨且學劉綱婦。同胞喜遇閨中友。翟紱朱幘驕四牡。金龜樓頭共樽酒。笑酹櫻花爲花壽。

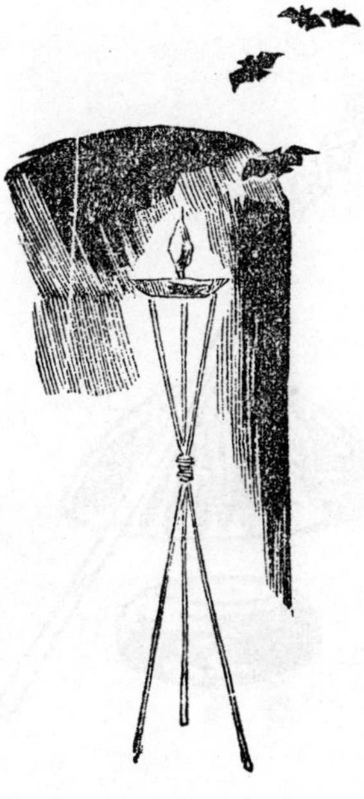

文苑

# 文苑

日本聞見錄

# 東京雜事詩

太公

東京雜事詩何爲而作也慾愁憂思眷懷故國冀民風之一變社會之一改良也非好摛詞抒藻故作呻吟也記昔黃公度有日本本事詩一卷亦朗然可誦然與今日日本社會之眞相迥不侔矣擬成百絕持此以與我內地之熱心社會改良家代茶話會焉

阿誰爲國竭孤忠銅像魁梧上野通幾許行人齊脫帽櫻花叢裏識英雄

東京有最著名之二大公園（中國稱爲公家花園）一在淺草一在上野上野植櫻樹幾千株每年花盛開時賦詩酌酒游人麕集有舉國若狂景象櫻花叢裏一巍然屹立雲表氣象萬千之銅像在焉即日本維新時之大英雄西鄉隆盛是也回顧吾祖國海雲萬里聲稱闃如低徊其下啜其泣矣

## 日本聞見錄

紫裙六幅簇成團讀能相呼拉伴歸爭說昨宵歸去晚兩街鐙火雨霏霏

日本學校星羅棋布即舉東京一隅論不下數百蓋必如此始能使全國人民均受教育且每一校之學生有多至數千人者吾國近來刱辦學校稍有一綫光明然今日急欲貢獻三大主義於教育界上有責任諸君而精神不與焉一須確知學堂愈夥則人才愈出非僅省有大學堂府有中學堂縣有小學堂遂可栩然自信爲已足也蓋大中小之外種種專門科學及一聾一盲均有學校不易殫論一須知今日急須普及教育學校中當速議廣額法若一官設學校有數萬金之欵設額僅五六十名或百名夫安能言教育且邇來風氣漸開缺額招考時來者如赴壑甯忍皆使其廢然而返乎法宜於學校隣近招人開設下宿舍（即客寓也日本學生大半住下宿舍）爲主一即女學是也日本女學幾與男等朝暮兩時試游行街市摩肩臏轂以十人計算男學生居什之四女學生居什之三其餘商人及下流社會又居什之三嗚呼盛矣女學生皆著紫色裙懷挾書包或三或五結隊而行一望便知豈如吾國之塗脂抹粉凝妝閨閣終日蠢蠢如動物園

中之供人玩弄者所可比耶嗚呼二萬萬同是圓顱方趾之人任其長此火坑葬身泥犁昊天不弔降此下民哀哉

飄忽長崎急電催準期金曜故人來新橋買票橫濱去相見還應慟一回

游學日盛每一星期。郵船抵埠。必有至者留學同人中有兄弟親友到來。往往先由長崎電知。金曜日。即禮拜五也。是日爲船抵橫濱期。距東京約有六十里。同人往迓。必至新橋坐滊車焉相見時話異國文明動故鄉觀感每至泣下數行。

館開博物鬱璘斌。萬象森羅此間津一說中原風俗事玉關哀怨不成春

東京博物館。規模甚閎麗初入其中者璨璀離奇心目眩惑內有歷史部。中貯各國風俗等物支那風俗與琉球風俗朝鮮風俗印度非洲及臺灣土番風俗同彝厠一室諦視數四有支那婦人木製小脚一雙供萬人觀覽詫爲奇事又有鴉片具賭具等種種下流社會所用之物觸目傷心淚涔々下惜不能令我四萬萬同胞共見之也。

## 日本聞見錄

籤軸琳瑯遍要衢。新聞雜誌破鴻濛。劇憐母國惇龐慣。野廟孤山讀大中。

東京一隅。書肆約有千餘家。購書者每於薄暮時。始手披口沫。充溢閬闠。至於新聞雜誌。（雜誌即月報旬報之類）日出約有一二百種。嗚呼如是而欲其民智之不開國勢之不強也得乎

學幕宏開仗衆才。文明兩字總疑猜。烏雲灑遍椰羅水。官羽樓頭泛綠醅。

官羽酒樓。爲吾國粵人所開設。生意稱繁盛焉。

# 新浙江與舊浙江

## 浙聲（續第一期）

文詭

咄嗟我非生歌舞升平之世商也工也据一二耳食之談刺刺不休罣一漏萬詎足豪浙江于今日我思之我思之我迺改絃更鼓爲變徵之聲

咄嗟朱明不祿駢騎南馳自薦紳先生以還婦殉其夫僕追其主一瞑萬古視死如飴錢唐大江積尸浮沈多如雁鶩而草薙禽獮于富陽餘杭之間白骨如陵流離稍稍復集而望祭宵哭之聲至數十年而不斷於乎此亦社會之一大變境也我思之我思之我何懼文字之誅哉

於乎荒天絕叫鬼哭燐飛無涕可揮大風滅燭我方伸手疾書悲鳴擊節而一二循謹之士談虎色變起而責難曰鄉曲士流知識區蒟取東西政學擇之必愼而出以

平和之口浸淫輸灌猶懼不旣此『浙江潮』之天性也不此之務而摭集舊聞陳陳相因道百年之故事毋亦爲浙江潮之累矣抑當此羣疑衆侮之日謠啄紛乘素絲易色一言之末指摘橫加而子迺以盛氣出之雖其心無他然獨不爲浙江潮計乎秘之秘之毋以多言獲罪

我迺仰天乾笑冠纓索絕應之曰唯唯否否不然吾聞之西漢諸儒生類能通其國聞治其典故考見當代得失之林是非今昔所謂淹雅通人與吾又聞泰西歷史大家之言曰『于歷史上所見意志行爲宜下是非善惡之判定然勿使徒走于感情失事實之眞相』又曰『選擇教材首宜使知國體之大要取材必限于本國史外國史事非與本國最有關係者匪所亟』於乎吾亦取材于本國史不失其眞相而已抑吾又謂東西學士把臂如林數其精理名言昭昭在天入人腦系然窮鄉僻壤之士讀書無多或不能遽爲高論又若青年秀穎盲然于母國興廢之原變更之要猥拾唾餘以平等自由逢人樂道於乎反足以沮其愛國心而長其浮囂之習矣我非敢爲過激之談也不過于陳編斷簡之餘掇拾一二引而伸之爲內地人士告爲海

外青年告使知今日何日非吾人快意雄談之世界至若專門學術政法宏綱則有諸鄉達先生在我不敢聞

數國初受成之冊浙東則紹台嚴爲先下而負嵎死鬬之徒以甯之鄞城爲尤烈浙西則杭嘉湖以次下而方國安馬士英之徒據杭之西北面排百死以無懼矢窮兵潰妻子鯨鯢天下仁人多哀之當史可法死難之日江淮倒流順風呼嘯揚州十日橫流渡江長趨江南逐福王而走之豫王多鋒大功告成迺引天下之精兵疾驅杭州招撫全浙時潞王猶在儼然監國猥以人心未去出其螳臂當隆車之隧分兵兩道岓然而抗旌旂迺以潮汐無靈鴟夷屏息沙灘露宿合郡魂驚遂迺君臣涕泣納欵開門於乎此固熊履謙張煌言諸亡國大夫之所深痛矣然淮王猶在紹也率數千不戰之兵烽火飛傳心魂墮裂遂迺白衣自縛扁舟渡江望門再拜泣于城下此亦亡國諸侯之尤可憐者矣然周王猶在湖州也迺以高屋建瓴之勢命一介以羅之縶其妻女如鞭犬羊囚而置之杭州而浙西迺蠡定矣

然且未已也王之仁猶未降方國安誓死不屈相率聚兵于富陽以灰燼裏創之餘

捲土重來覬覦故物溯江而上逕偪杭城而王定國以姚樞竇默之雄摩旗一勦殺人乃至四千餘方國安以殘喘餘生折入餘杭一道然且窮追不舍斬其親子未幾王之仁率所部迎降而方氏之勢益孤矣

時魯王又据紹矣方氏以大創之后率老弱往依之而馬士英在太湖聲勢相聯絡藉保全什一于千百之餘而浙人姚志卓又復號召亡命結方國安攻陷昌化率以力孤援絕一旦瓦解馬士英又遭大僇而博洛之大兵蜂至方國安以屢敗之餘人寒其魄艤舟江上一炬成灰方氏知勢不可回乃挾魯王走台郡終奪其魂膏于斧鑕而浙東又大定矣

於乎此亦浙江之至悲而不能移之他人者矣撫卷嗚咽泣不成聲吾無以名之名之曰亡國社會

十世下讀史之徒據一隅成敗抵掌而談每太息流涕于想象萬一之餘以為當年人士望風奔潰舳艫蔽岸動若拉枯其間必有遺謀不臧事機失算者不然則氣數耳天命耳雖然非至言也夫自史閣部揚州流血福王出走天下大勢固已定于一

尊之下矣然以旁海之郡竭數輩書生之力倉歃皇血號召義兵而多王博洛率其掃盪江南之衆乘風擊鼓慓忽如神於乎此亦漢高帝引天下兵臨魯城之一日雖百志士無能爲力于其間者矣然且以孤憤摩天之概不顧與洪承疇張存仁諸名流共圖富貴鋤耰白梃率市人而死之乃至身爲俘囚臨刑引決猶堅持『薙髮事大』之言蹈白刃無難色甚且斫頭墮地猶大呼『死爲明鬼』一時驕將悍卒爲之色變於乎此其人皆挾必死之心而欲扶持君臣大義于萬一者也然亦天地之至愚而爲今日讀書名士所鄙夷不道而不屑以民族主義責之者矣

江浙人士自近古以來久以文弱暴著于天下而當明之季以堅銳鳴者多出南國衣冠自江河以北莫不望風喁喁身先歸附雖以山東孔裔率其子孫告廟大毀章甫逢掖之餘而文譚一疏幾遭沒身之誅即以一代春秋論之北方之民氣遠不若南人之盛矣雖然我又思之

秦齊燕趙之間經李自成縱橫蹂躪者十三年一時氣節之士奮鄉里與之相撲輾轉死溝壑者不知幾人而此十餘年之中厲士卒出塞从事于大淩河小淩河錦州

新浙江與舊浙江

山海關以還不爲二臣而以馬革葬尸于疆場之間者必其爲當時之死士可知矣乃一挫再挫凋傷零落至烈宗殉國而士大夫之宛轉就死从其君于地下者蓋又冠蓋如雲而士氣益摧殘殆盡矣至南疆片土大抵雞犬不驚室家如故耆艾三年挺而一決遂使勝國遺聞獨爲南人仲氣於乎非南人之多悍也時勢使然耳

況以睿王攝政握天下而鞭箠之攻下江浙雖以輿櫬縛妻子迎降于馬前者亦駢僇而荆夷之無少吝江浙閩廣之間孤臣孼子人懷必死之心非竄而走海从鄭成功游則梃而反鬥耳不然則挈妻孥召宗族閉門積薪同爲焦土耳不然則以輕舸自載游于大江流之中心號天一躍葬身魚腹耳不然則割雞烹牢仰酒自飲沈酣起舞大呼宗社手刃家人還刀自決耳不然則片紙書名藏于衣裏倒首溪橋夷然不顧悶而復蘇絕粒而死耳於乎此皆我浙之先世仁人也推其必然之故走死地如鶩曾不一返顧者非浙人之獨忍也亦時勢使然耳

況當魯王未敗之日嘉定廢紳有侯峒曾其人者一使潛通結洪承疇土國寶爲捲土重來之想浙人不自量遽謂三戶可以亡秦而事機洩露終于潰決天怒難回大

施雷斷此又其屠劊之一大原因也浙人何悲焉浙人何悲焉

雖然自朱瑪喇爲杭州駐防（順治二年）張存仁爲浙江總督（順治二年十一月始改爲浙閩總督）以來迄二百數十祀天高地厚被自周方率土之濱莫非赤子我亦忘之久矣我獨謂事遠年荒無書可讀揭近百年之史乘公牘盈千後先塗埘間有一二草野流傳之說則又魯魚亥豕不盡可徵曰僞曰逆縱横綱貫雖精于去取之流讀之不能無悶我自被髮束走雖獲一二之傳之書則又擇焉不精語焉不詳遂使一代遺聞風流雲散於乎此亦我國修方志者之大罪矣然亦以文字推移織而愈密二百年來安見無名山萬重抱經獨往之徒遯滅其中不聞人事而网羅萬狀參以所聞精心獨斷結爲鴻篇發當年之故實者然吾知其書未出而其人已先夷矣昔在田氏以鬱邑之心無所寄托論明季諸王之流落而歎息痛恨于修史之無人於乎此亦學者之常談耳然卒以清風冷灰之語爲人訐發誹謗得罪身首横分於乎我何敢遽謂著作之無人矣

雖然此浙江之舊事耳大勢所趨今昔殊觀强隣逐逐以浙閩兩區等于臺灣之續

而彼都之新聞彼人之撰述於浙閩之間不惜考其地理窮其風俗長篇短信耳不絕聞於乎其心亦大可見矣詩有之曰子有庭內弗洒弗掃宛其死矣他人是保我爲之欷噓後顧而感不絕于予心矣

完結

猛回頭
故鄉萬里
斜陽影裏訪
明夷別有
傷心淚

# 記杭州放足會

江東

丁戊之間。上海志士。首創不纏足會。各省應之。廣東湖南兩省。尤電掣飇發。號稱最盛。吾浙閩如也。八月政變。各省不纏足會相繼瓦解。庚子以後。風氣久鬱之餘。復漸開拓。然卒未有能光復舊物者。蓋視戊戌以前。精神亦稍稍衰矣。杭州高白叔中翰之夫人。母家金氏。故杭垣紳族。夫人有弟某某二人。以頑固鳴於鄉里。百計欲中傷新黨。而及見外人。則又貢諛獻媚。靡所不至。夫人與弟异母。稟性特別。弗之善也。夫人幼通漢文。喜涉獵書史。尤熟資治通鑑。故於中國四千年來治亂興亡之迹。靡不燎若觀火。世變日亟。每念國事。輒唏噓欲絕。歲辛丑。遂遣其郎君爾翰爾登游學日本。入成城學校習陸軍。杭垣巨室大族命婦之多若鯽。明白通達。未有若夫人者。今歲正月。與同城女史孫淑儀氏。顧嘯梅氏。胡畹畦氏。組織成放足會。先期刊發演稿。俾家喻戶曉。十九日乃於西湖之濱張勤果公祠。大開放足會。士紳眷屬來會者三百餘人。演說及三時之久。演說畢。合撮小影。為後日留記念。此杭州開會第一次盛舉而不圖出自巾幗七尺鬚眉滋媿恧矣乃者頗聞夫人更擬慷慨輸捐提倡設立女學校大興女學風氣之開正未有艾海外同人其頂禮祝之拭目竢之哉兩次演說稿刊列如左名閨淑媛其覽觀焉

## 奉勸婦女放足說

中國女子纏足的陋習相沿千數百年斷趾折骨血脈不行身體受傷行動不便初纏時就使不害脚瘍那幼女日夜號呌的聲音已甚可慘既纏後雖幸不遭兵燹那婦人步履艱難的形狀亦甚可危歷盡種種苦處受盡種種害處究竟要圖好看呢婦女的美麗原不在乎纏足爲守家教呢婦德的貞靜更不在乎纏足徒然損肢體弱子嗣走無走相立無立相羞羞縮縮爲婦女種種不開化的原因何苦害盡千萬柔弱女子無故受罪呢近年上海明達的志士創設不纏足會西國女士亦設天足會發明强種衛生的道理以及纏足的許多壞處到處勸人無如相信的少杭州風氣總不大改據鄙意推原其故無非爲現在各家女眷無不纏足爲母的看慣了自己定要替女兒纏足想到女兒日後許人家恐怕大脚的被姑婿憎嫌妯娌恥笑更要替女兒纏足又有一種明白的人原想不纏無奈往來的親戚內眷總要說不纏足難看也不由不替女兒纏足所以倘看我我看倘不能決定不纏足的主意這樣因循下去衰弱的中國那裏有轉機呢現在我們想了一個法子要去盡纏足的陋習必須斬草除根立刻下手如果爲母的爲姑的爲嫂的爲姊的一概已經放足那幼年的女

子自然安心樂意不去纏足了。所以本會的名目。不叫做不纏足會。叫做放足會。無非要年長的已嫁的立願放足。做個榜樣。好叫那年幼未纏的安心。連自己也樂得受放足的舒服。只要在會的立志不移。自然大家看樣。可永遠斷絕纏足的病根。至於强種衛生的大道理。暫且擱起不講。總之立改舊習。免誤後來。是本會的主義。並非好立新名。實在見得要女子不纏足。非如此辦法不可。不然我們已經纏足的人。並且有將近老年的。又何必多此一舉呢。我們也知道各人議論不同。有人說脚小的難放。我們會中。也有脚狠小的。現在已經放好。可見『世上無難事只怕有心人』有人說年老的何必放。那曉得纏足的積習難除。全壞在年老的不肯改樣子。弄得年輕的要放不敢放。我勸年老的先放纔是呢。有人說年輕的不便放。那不便放的原故。上文已經申說過了。趁現在大家一齊放。何等爽快。就算有人不喜歡。我想這放足是婦女本身的事體。比不得別樣舉動做不起主。我勸年輕的同放。纔是呢。又有人說富貴婦女。並無粗重生活。何妨纏足。這說錯了。富貴的人家。所生的女兒。都是聰明讀書的種子。如今大家婦女。多因爲自幼纏足。害得身子十分瘦弱。豈不是文明的種子變壞麼。又有人說婦女不纏足。難以防範。這說更錯了。明理的婦女。雖不纏足。自然能守規矩。如果要借此防範。試問以前人人纏足。保無非禮的事麼。更有人說我素來不喜入會。只要自家女兒不纏足。何必勸人。這說格外錯了。我們立這個會。也是不勉强人的。但從來熱心的人。自己曉得這件事的好處。斷無不勸人之理。況且立這個放足會。並不是什麼哥老會。三合會。要令人嚇得一跳。不過聚集幾位姊妹們。約定大家放足。這也並不是犯法之事。儞看那三天竺。小和山進香的。不是也有個香籤老會麼。他們燒香好立會。我們放足不好立會這是什麽道理呢明白這個道理入會有何妨礙呢更有一班聰明的人說道儞們勸人放足果然不錯但請問中國婦女盡行放足就成了新世界麽這句話被他問住了要知婦女纏足係種種不開化的原因如今先把足放了這便是開化的起點隨後自然要與女學將各家女子敎育起來若是連足都不肯放那能講得到女學上呢近來廣東省城女學大興放足的十有八九都說放的是文明纏的是野蠻其餘蘇州福州各處都有不纏足會我們杭州人不可再迂執了這篇白話請列位細想想將來我們還要邀大家到張公祠聚會呢

## 張公祠第一次放足會演說

今日是我們商議戒纏足的日子承諸位光顧感激得狠我們中國的女子受那纏足的苦楚已經九百餘年了可憐這許多女子四五歲的時候做娘的便要把他纏起足來那疼痛難熬啼啼哭哭的情狀請問諸位不是都是過來人嗎講到那做娘的意思却也沒有什麽道理不過習俗已久眼見得纏足的多不纏足的少做娘的總要望女兒們體面彀得上人人道句好個個說聲俏所以到那時候便不知不覺的下出這番毒手來了這且莫講他我先把纏足的來歷講與諸位聽聽我想中國女子必定要纏足的緣故不過這一雙小脚裝束得端正便算是一個美女咳那曉得這就錯了我想古時的美女不知多少從沒有講過纏足這一件事莫說別的就是春秋時候衛莊公所娶的莊姜他們國裏的人做了一首碩人詩稱贊他的相貌極講他生成的

美麗。何嘗講起纏足的事。這首詩在詩經裏的。念書人都知道。不是我造出來的。直到了南唐李後主。他有一個妃子。叫什麼窅娘。這窅娘的相貌。便同現在的妓女一般。也會唱也會舞。那昏天黑地的李後主。便叫用帛纏起足來。什麼金蓮貼地。說得來好看無比。這個事情在那個時候。不過是昏君偶然取樂。並不叫人看樣。那曉得宮裏一通行。百姓便看榜樣了。還有幾層的意思。我要對諸位講講。我們常常想天生人有男有女。那相對的情形。自然不分厚薄。莫說別的。就是現在文明各國。那一國不是男女平等。那一國的女子沒有責任。只有我們中國人。說什麼『男女相去五百級』。說什麼『女子無才便是德』。種種的議論。把個女子說得來一錢不値。這些事情。都緣那些男子們。看得自己太貴重。恐怕女子侵犯他們。所以講出這兩句不通道理的話來。便把女子一筆勾消。諸位試想想。我們做女子的。羞也不羞。若是我們做女子的。因這兩句話便情願無才情願相去五百級。這便是我們女子不想自立的憑據。還有什麼話講。還有什麼法子想。若說是不情願的。我還有一席話。要與諸位講講。現在日本國有一位女教習。姓下田名叫歌子。大家都講他是女教育家。他嘗對我們中國人說。從前日本初講維新的時候。女學還不講究。後來他在國裏極力提倡。二十年來。不但這些女子。人人都會看報。人人都能寫信。并且文繡、彫刻、美術、工藝。沒有一樣不曉。沒有一樣不精。曉沒有一樣不精。不像我們中國的女子。有奄奄一息的樣子。下田歌子又說道。不論世界上。那一國國裏的女子。便會國裏的百姓。國家是什麼東西。國家是甚樣講。既是國裏的百姓。豈有不愛國家的道理。倘是做女子的。都不知道。那男子便算都是愛國的人。一個國裏愛國的也不過一半。拿這個國度來比人身。可不是半身不能運動麼。那

## 新浙江與舊浙江

裏有半身不能運動的還可算一個人嗎可曉得做百姓的道理原是不分男女我國的權利不論那一國人來動我一分碍我一毫國家受辱便與身子受辱一樣知道辱身辱國的道理有的代父從軍有的替夫報仇有的爲國出力一國的女子都是這樣熱心男子也是這樣熱心那時要想國家不興旺恐怕也不能彀還怕什麼欺侮呢聽了下田歌子這一番說話可見我輩女子的責任並不在男子之下今天放足的事不過是小小的一點兒起根將來還有別事要與諸位商量今日先把兩件緊要的告訴諸君能一放足的事不過是養身休强種族的一端並非不纏足便能强國若說不纏足便能强國那江北地方和各省的鄉村婦女大脚的不知幾多爲什麼也和我們一樣受外人欺侮這可不是沒有學問的緣故麼那雖如此那大足的婦女比那纏足的身體到底强些舉動到底便些同是中國的婦女比起來便兩樣不過是他們沒有學問所以仍舊同我們一樣的受辱若說有人敎育他豈不是更强呢這樣看來振興女學的事情是萬不能再緩了現在我們杭州學堂大興男子都入學堂讀書固然是分內的事難道我們女子可以不學的嗎還是我們女子彀不上讀書嗎不過興學的這一件事須俟大衆商量一個完全辦法纔好今且暫緩等改日再說總之女子既曉得是一個國民便有做事的責任現在女子的積習下等人家是不必講便是上等的最時道的之麻雀吃鴉片塗脂抹粉一套一套的衣服一時一時的鑲滚空費銀錢何嘗有益從今以後我們便應該逢人勸勉到處做戒事事脚踏實地人人盡心竭力做些事業出來纔算把二萬萬的同胞姊妹吐氣若說仍舊照從前那個樣子便是放了足只怕仍舊是個野蠻女子罷了

# 紹興府山陰會稽兩縣耶蘇教會表

- 公會
  - 英國
    - 內地會——監督會
  - 美國
    - 浸禮會
- 教堂
  - 城內
    - 祥符街一所
    - 大王廟前一所
    - 觀音橋一所
    - 承天橋一所
    - 綢緞衖二所
    - 連河橋一所
  - 鄉間
    - 柯橋一所
    - 陡亹一所
    - 馬山一所

- **傳道者**
  - **外國人**
    - 密道生：住祥符街英國內地會牧師頗有地方上權力
    - 秦鏡：住綢緞街美國浸禮會牧師無權力
    - 包立基：住綢緞街美國浸禮會牧師不佈權力
    - 巴赫德：住觀音橋英國監督會敎師去歲某蒙學堂曾聘巳爲敎習
    - 田力牧：英人以傳道自任自備資斧不入公會去年立英文學堂一所
    - 萬立希：住大王廟前英國敎師向在紹城施醫回國數年前歲乃來故少權力
  - **中國人**
    - 張聽泉：字小鳳耶穌敎內地會牧師入敎巳三十餘年于社會上頗有排難解紛之力
    - 鍾錫恩：監督會牧師入敎巳二十年尙守分
- **敎民**
  - 祥符街：約五十餘人
  - 觀音橋：約二十餘人
  - 承天橋：約十餘人
  - 綢緞街：約四十餘人
  - 女子數各相等

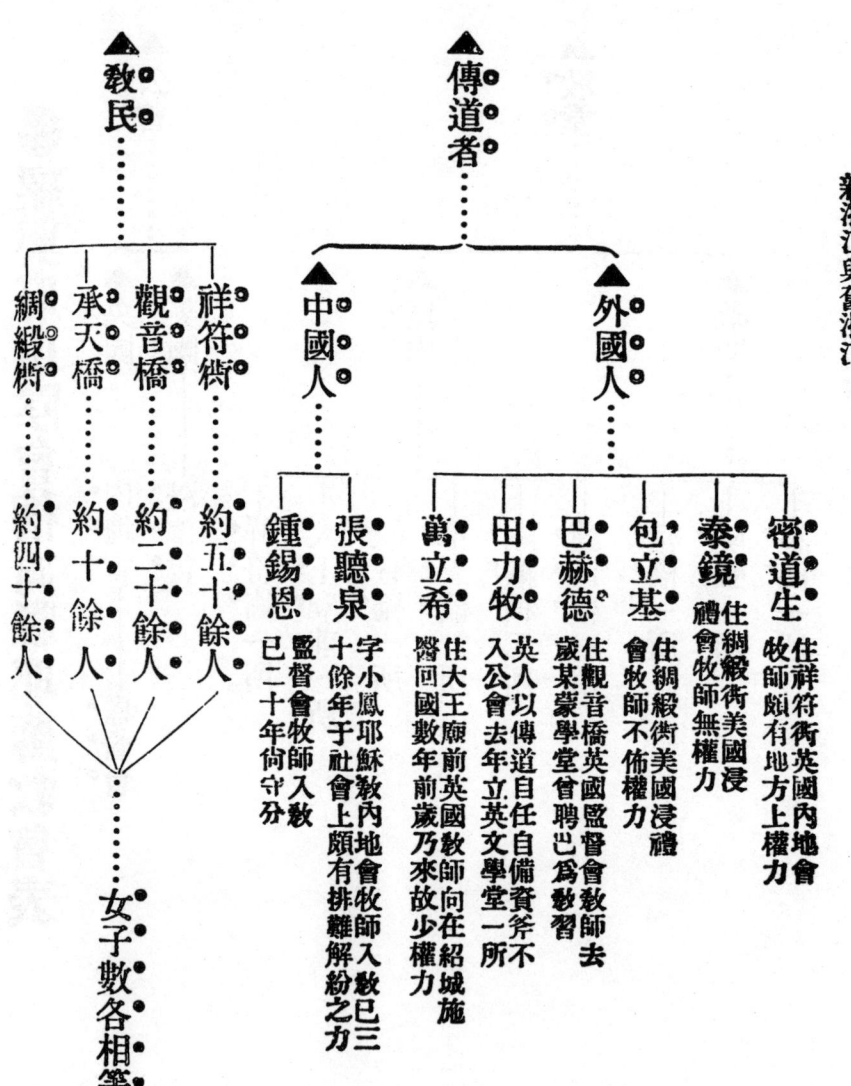

# 上海文明書局發行最新書籍要目

教師之友 ✻ 國民之命脈 ✻ 學生之友

日本越智直安
東辰治郎合著 **實用教育學** 四角
首論智育德育體育之理次論致知進德衛生之方次論管學事宜實是求是無一泛語日人原序云讀此一書勝於讀他種教育學教授法管理法十數冊良非虛語

日本鈴木氏著
日本中野氏著 **教育新論史合刻** 四角
論以自育為日足為中人之良藥史詳載十九世紀歐美教育之大勢尤足為中國之師資

德國伊耶陵著
金匱張肇桐譯 **權利競爭論** 三角
著者嘗為奧國維也納大學教習因奧人權利思想薄弱故著此以鞭策之今移以鞭策中國人尤為對病之藥也

蒙學第一奇書
少年國民必讀 **中外故事讀本** 三角
每課選列中外大豪傑嘉言懿行之相類者各一條可以廣兒童之胸襟可以發揚兒童之愛國心欲使子弟成大人物者最宜以此等書為教科書勝於尋常讀本萬萬也

高等
小學 **國史教科書** 四角
上下千古敘述簡明且時時以淺明之言喚醒兒童之愛國心與前書可稱雙絕

---

日本高田
早苗原著 **再版國家學原理** 三角
欲全國民之資格必自知國家之所以為國家始此書宗歐美大家之說以發明國家之原理凡為國民者不可不讀也

日本天野
為之原著 **理財學綱要** 四角
全書凡六編曰生財曰析分曰交易曰用財曰策富曰財政較他書之傳具前四編而乏後二編者不可同日而語

日本高田
早苗原著 **憲法要義** 納憲政精理於區區小冊中講求外國憲法者得此思過半矣

日本高田
早苗原著 **英國外交政畧史** 四角半
英人最長於外交故為全球之雄國本書前半論英國外交之沿革後半論公使領事之職務留心國事者允當一讀

日本柳內
蝦洲原著 **學生立志論** 二角
學生首宜立志二十世紀之中國之學生不可不一讀此書

日本橫山
又次郎著 **生物之過去未來** 二角

無錫秦
毓鎏譯 **地球之過去未來** 三角

日本齋藤與治著
無錫秦元弼譯 **西力東侵史** 三角

日本福澤諭
吉先生原著 **男女交際論** 一角

杭州銀洞稿白話報館

附錄

# 新名詞釋義

酙癸

自東方譯事興而新名詞之出現于學界者日益多好學之士初讀新書必有半日不得其解者而譯書著書之人習之既熟脫口而出必强之以另易名詞無論其不便也亦勢有所不能然則舉其非吾之所素習者而一一解之斯誠今日吾輩之義務無可容辭者矣抑尤有進者名詞之解釋不明其害之流入于社會者影響甚大權利无定解則必有以權力權勢謂當崇拜者矣自由無定解則必有以殺人淫酒爲不當受人約束者矣失之毫釐謬以千里其爲害之大又何可言也茲特輯其要者條著而明晰之好學之士庶幾覽焉

## 社會與國家義 Society and State

社會國家（國家二字我國素有然以其爲新名詞者蓋今之所謂國家與嚮之所謂國家者其義較異也）二新名詞者尤今日斯中之健將而出現之時

尤多。雖然社會者國家者。果何所指。果包含何種之意味。試反質之用此名詞之人。恐亦多有茫然不自解者。適見日人井上留北有社會與國家一篇。釋其義周且詳。因亟達其指以饗讀者。

吾人讀英美文時見有 Society 一字者。日人譯之曰社會。我國人譯之曰人群。人群二字。其義較明晰。然數年來沿用社會二字較多且較熟。雖然社會二字出後漢書。有賀長雄曾言之。蓋社會二字亦來自漢文者也。

## 社會 Society

社會者何。二人以上之集合體而爲協同生活者之謂也。更詳言之。則其要素有三。

甲社會者。多數人之聯合體(集合團結)之謂也。故苟不聯合。則雖有多人不足以稱社會。

乙必有二人以上之聯合體。始成能組織社會。若一人則決不能成社會。

丙社會所最重要之要素。則協同生活是也。人苟互孤立而各自營其生活。不相依助。Interdependence 則社會必不能成。何則。夫使人而果其孤立也。則其營生活也必艱以言衣則必自紡其麻自紡其線自織自裁而始得也以言食則必自播其穀自芟其禾自耕自鋤自舂自烹而始得也以言住必自伐其木自營其室自壟自斲而始得也其爲此必不能以手足而以器具也則得器具之難又生夫苟欲得金屬之器具 Metalic instrument 則又非自搜其丱自鑿其鑛自冶自鑄而不可噫果若是其辛苦艱難爲如何其不便不利又如何其野陋愚蠢又如何噫果若是則人類將不自存于世界而何有乎社會故協同生活者爲社會成立之主因而最重要者也苟不然者則太古原人之景象必將永留于世界而進化之路絕矣苟不然者則各人必不能分其業以發揮其特有之天性互相依助而人間之社會滅矣

國家 State

國家者何具關機能有自治權力之社會之謂也若精密言之則國家者有一定之土地及支配人民之權力而爲權利義務之主體備有人格者也

人格者何人格 Personality 者有人之所以爲人之資格是也有倫理上之人格有

法律上之人格。倫理上之人格者。人生此世。須發達其天禀之德性。嚴行其應盡之義務。小而一身一家。大而一國一種。皆須維持之發達之。竭其本分。Duty 以盡人之所以爲人者是也。法律上之人格者。人生此世。必有種種行爲。若權利。Right 或若義務 Obligation 凡此等行爲。不能背于國家所定之法律者也。凡在法律範圍之內者。則方有自由行動之權利。而對于國家。則仍負有義務者也。蓋義務者權利之因也。權利者義務之果也。二者其關係極密切。不能離一而得一者也。權利義務之主體者。即不借他力而能自行其權利。自全其義務之謂也。權利義務之主體。即於法律上得完全之人格。若不能全其法律上之權利義務者。即於法律上不能有完全之人格也。

以國家有人格者。蓋擬國家以人也。國家爲權利義務之主體。故有人格。國家對臣民有權利。有義務。對外國有權利。有義務。此國家之所以爲權利義務之主體。而有人格也。國家所行之權力。自國家成立時。即有。非若個人之權利。必依法律而始得。

上所述者。爲國家之定義。試更述國家成立之要素。

第一國家者自多數人類所組織者也　多數人類者其數無制限。以盧騷所言。少則亦須萬人以上。此盖依普通之事實而舉其大概之數也。要之非有能維持其獨立國家之人數不可

第二國家者須有一定之土地者也　若遊牧人種。逐水草漂泊無定所者。則不能成國家。以其無定土也。然所謂土地者。其幅員其面積。無一定制限。要之其土地所出之產物。非有能維持獨立國家之經濟不可

第三國家者國民全體之集合体也　雖有一定之土地。若所集者爲烏合之衆。爲偶然結合之衆。則不得稱爲國家也

第四國家者有治者被治者之區別者也　其治者或爲君主。或爲大統領。其餘則爲被治者。

第五國家者有機體也　國家爲有機體。詳後。兹省之。

第六國家者有人格者也　國家定義中已言之。兹不復述。

凡備以上之要素者。始得稱爲國家。約而言之。國家者。社會之一部分也。社會之進

化而有政治的團體之謂也。社會之發達而具機關機能統治力量之謂也。然國家具如何之機關持如何之機能如何而自統治是又不能已于言者。

國家有機體說 Organic theary of the state 古之言國家多主分子說。以爲人之集合而爲國家不異砂石之堆積而爲山也。是不過爲人類所組織一無機物而已。無成長發達之能力也。及德國歷史法學派之首祖沙披出。始以國家爲能自成長發達之有機物。Organic 一時學者知之。于是國家有機體之說。遂風靡一世。德國國家學者伯倫知理。以爲國家者有生氣而能自發達成長者也。與器械異。與物品異。其說有三。

(一)國家者。有精神有形體。與有機物同。國家者。非徒指土地臣民官衙裁判所諸有形体之謂也。蓋總括此諸有形之物體而有一定之意思一定之精神者也。法律規則者。即發表國家精神之一種也。

(二)所稱爲有機體者。若人類若禽獸若蟲魚。莫不有耳目鼻口四肢五體各別其機關而各動其動。國家亦然。上自大臣。下迄巡查。莫不各爲國家之機關。而各動其動。

以計國家生活之發達。

(三)國家者其精神其形體若有機物而時爲發達者也文物制度之發達者精神上之發達也領土之擴張臣民之增加則形體上之發達也

伯倫知理所述以國家爲全然之有機體蓋以國家包含以上種種性質也雖然以國家有此等性質而似有機體則可若以爲全然之有機體則在今日國家思想發達之時代所必不認也何則蓋國家之生存發達全賴人類之作用非若有機之物能以自己固有之力生存而發達也故謂其國家之或點似有機體之或點則可非能全以此有機體也要之國家者非分子之集合體非有機體惟似有機體具有有機的性質是實最適當最合理之說也

國家之定義國家之成立既述如上試更言國家之種類國家之種類者以國家之組織及能力而區別者也若別其類則有四種。

一單純國 Simple State

二複合國 Complex State

附錄

三獨立國 Independent State

四保護國 Protsetorate State

單純國複合國者以組織別其類者也獨立國保護國者以能力別其類者也

單純國者戴單一之君主或單一之大統領支配單純之國土人民而不受他國家之關係者之謂也若舉其例則英吉利俄羅斯法蘭西日本是

複合國者其國家之組織複雜而不純一者之謂也其種類有四

(一)君位合一國 Personal Union. 君位合一國者二個以上之國家互獨立而戴同一之君主者之謂也除戴同一之君主外不復有他關係若舉其例則如自千八百八十五年至千八百九十年白耳義國王兼阿非利加庚哥獨立國之君主是

(二)雙立君主國 Thedual Monarchies. 亦曰實體合一國 Real Union. 雙立君主國者二個以上之國家戴同一之君主除外交事務國君得代表其國而爲共同運動外其國內政治仍互爲獨立者也若墺匈若瑞典那威是其例也

(三)聯邦國 Confederation. 聯邦國者數多之國家互爲約束設立中央機關（中

央政府）而委以任共通事務者也。各聯邦國仍有全然之獨立權。其中央機關之權限如左。

甲、在各國聯邦之合意約束範圍內。則有活動之權力。

乙、除合意約束外。中央政府對各國無命令强制之權。

丙、即其權力範圍內之事。非經聯邦各國政府之手不能執行。

其中央機關之權力蓋甚弱也。若舉其例。如千八百十五年維也納會議決議後至千八百六十六年之德國聯邦是

(四)聯合國 Tudral State. 合衆國 Tudral Union. (or Union State) 亦曰國家聯合 Tudration.

聯合國者何若美國若今日之德國是也。欲明其義。則有三說。

甲、數多之國家。公共約束組織一中央政府。中央政府者有總括內政外交之權力。

乙、聯合之各國家。除中央政府允許之權力外。別無他等權力。

丙、聯合國之中央政府與聯邦國之中央機關大異。有命令强制各國之權。

獨立國者。對于內外俱爲權利義務之主體。而有其能力。即內治外交。俱不受他國之干涉者也。其例。如日本德意志英吉利俄羅斯法蘭西美利堅等是。

保護國者。無自處置內政外交之能力。而受他國之保護監督者也。以受保護監督之程度。而異其種類。

第一種僅于外交上受他國之保護監督者。

第二種外交內政盡受他國之保護干涉者。

第三種內政外交全然受他國之指揮監督。表面上爲强國之殖民保護國。(Colonal Protoctorate) 實則已爲强國之屬國 Dependency 者

若中古塞諸亞共和國時受法蘭西之保護。時受西班牙之保護。時受伊大利之保護者。是爲保護國之第一種。若埃及若孛而利亞 Bulgaria. 共受土耳其之保護。是爲保護國之第二種。若欺尼斯若馬達加斯加。名爲法蘭西之保護國。實則已爲其屬國。Dependency. 是爲保護國之第三種。近者外交上常濫用保護之名。往往有以保護國爲屬國者。此等之點。最宜大注意者也

(未完)

# 第一期刊誤表

| 葉數 | 行數 | 誤字 | 正字 |
|---|---|---|---|
| 一 | 八 | 扶 | 挾 |
| 三 | 六 | 去 | 來 |
| 三 | 六 | 來 | 去 |
| 四 | 十三 | 催璨 | 璀璨 |
| 五 | 二 | 若我 | 我若 |
| 七 | 三 | 扶 | 挾 |
| 七 | 八 | 覩無不 | 直無不 |
| 七 | 十一 | 斗 | 采 |
| 八 | 十六 | 特 | 持 |
| 八 | 十三 | 獵 | 臘 |
| 一〇 | 十 | 任 | 在 |
| 一〇 | 十三 | 失 | 夫 |
| 一二 | 六 | 國粹下 | 脫主義兩字 |
| 一四 | 四 | 裂 | 烈 |
| 一五 | 二 | 土 | 士 |
| 一六 | 二 | 不得下 | 脫不字 |
| 一七 | 三 | 之知 | 知之 |
| 一九 | 五 | 議 | 識 |
| 一九 | 八 | 造製 | 製造 |
| 一九 | 八 | 由自 | 自由 |
| 二〇 | 一 | 掬 | 血 |
| 二〇 | 九 | 嚮 | 響 |
| 二一 | 一 | 於號呼 | 於字贅 |
| 二一 | 二 | 暝 | 瞑 |
| 二三 | 七 | 害 | 權 |
| 二三 | 八 | 已滅下 | 失之字 |
| 二四 | 二 | 能字下 | 脫以字 |
| 二五 | 六 | 可故見 | 故字贅 |
| 二五 | 十二 | 冃 | 日 |
| 二六 | 五 | 曰 | 日 |
| 二六 | 十一 | 不能下 | 脫不字 |
| 二六 | 十二 | 亡 | 興 |
| 二八 | 六 | 廣 | 簾 |
| 二八 | 十 | 及至 | 及字贅 |
| 二九 | 二 | 之不 | 之夫 |
| 三〇 | 六 | 專利 | 專制 |
| 三〇 | 七 | 專利 | 專制 |
| 三〇 | 八 | 推鋤 | 摧鋤 |
| 三〇 | 九 | 推鋤 | 摧鋤 |
| 三一 | 四 | 斯 | 斬 |
| 三一 | 六 | 着 | 著 |
| 三二 | 十二 | 閒 | 間 |
| 三三 | 三 | 檣旗 | 檣字贅 |
| 三三 | 八 | 途 | 還 |
| 三五 | 五 | 無蹤 | 待蹤 |
| 三六 | 七 | 張 | 漲 |
| 三六 | 九 | 舊抑 | 抑舊 |
| 四一 | 三 | 發發 | 發達 |
| 四二 | 二 | 憎 | 滄 |
| 四二 | 四 | 嚮 | 響 |
| 四二 | 六 | 頏 | 頑 |
| 四二 | 十 | 爲 | 與 |
| 四三 | 五 | 急國 | 急急 |
| 四三 | 十 | 運般 | 搬運 |
| 四三 | 十三 | 所 | 亦 |
| 四三 | 十三 | 件 | 祿 |
| 四四 | 四 | 威 | 委 |
| 四五 | 五 | 蒙業 | 蒙字贅 |
| 四五 | 六 | 打 | 政 |
| 四六 | 七 | 日本下 | 脫政字 |
| 四六 | 八 | 政之 | 政字贅 |
| 四六 | 十一 | 天 | 矢 |
| 四七 | 三 | 焉 | 甘 |
| 四七 | 四 | 與 | 夫 |
| 四七 | 六 | 退 | 追 |
| 四七 | 八 | 廆 | 庚 |
| 四七 | 八 | 權 | 權 |
| 四八 | 一 | 論 | 淪 |
| 四九 | 一 | 庭 | 廷 |
| 五一 | 六 | 融 | 鎔 |
| 五二 | 七 | 恥 | 取 |
| 五三 | 七 | 誠 | 巨 |
| 五三 | 八 | 侵 | 浸 |
| 五四 | 九 | 親 | 覩 |
| 五五 | 二 | 過 | 過 |
| 五七 | 十一 | 島 | 烏 |
| 五八 | 一 | 暗 | 暗 |
| 五八 | 五 | 覘 | 乩 |
| 五八 | 六 | 岐 | 歧 |
| 五八 | 七 | 紕 | 摘 |
| 六六 | 十一 | 行銀行 | 行銀劵 |
| 六八 | 六 | 駁微駁弱 | 淺微淺弱 |
| 六八 | 九 | 令 | 今 |

| 葉數 | 行數 | 誤字 | 正字 |
|---|---|---|---|
| 六九 | 十二 | 拌 | 搡 |
| 七〇 | 九 | 亞細 | 亞洲 |
| 七二 | 二 | 郡 | 軍 |
| 七三 | 七 | 阿利下 | 脫安字 |
| 八〇 | 九 | 美感下 | 應空一格 |
| 八三 | 七 | 輟 | 綴 |
| 八四 | 八 | 者 | 家 |
| 八五 | 一 | 利 | 俐 |
| 八八 | 四 | 亡 | 巳 |
| 八八 | 十三 | 與 | 生 |
| 九〇 | 三 | 荷 | 實 |
| 九〇 | 十三 | 顧 | 廼 |
| 九二 | 十三 | 賭 | 睹 |
| 九三 | 十 | 格 | 木 |
| 九八 | 十五 | 蒲 | 浦 |
| 一〇一 | 九 | 格 | 優 |
| 一〇一 | 十三 | 適 | 過 |
| 一〇二 | 二 | 歐 | 滿 |
| 一〇三 | 十三 | 逄 | 逢 |
| 一〇四 | 十三 | 繼 | 經 |
| 一〇七 | 七 | 彼 | 被 |
| 一〇七 | 十二 | 戾 | 入 |
| 一一一 | 三 | 壹 | 隱 |
| 一一七 | 一 | 如 | 加 |
| 一一七 | 十 | 味 | 昧 |
| 一一七 | 十二 | 既巳 | 巳字贅 |
| 一一七 | 十二 | 又不下 | 脫以字 |
| 一一七 | 十五 | 危其 | 危字贅 |

| 葉數 | 行數 | 誤字 | 正字 |
|---|---|---|---|
| 一一八 | 三 | 天不 | 天下 |
| 一二〇 | 十三 | 班 | 斑 |
| 一二二 | 三 | 密接 | 寧圖 |
| 一二二 | 五 | 咤 | 吒 |
| 一二三 | 十 | 過 | 遇 |
| 一二六 | 十三 | 撤 | 徹 |
| 一三一 | 四 | 濟 | 漓 |
| 一三二 | 六 | 痾 | 疴 |
| 一三二 | 九 | 熱 | 熱 |
| 一三二 | 十二 | 以字下 | 脫戰字 |
| 一三二 | 十二 | 戟 | 乾 |
| 一三三 | 五 | 爲 | 無 |
| 一三三 | 六 | 爲 | 無 |
| 一三三 | 十 | 力 | 刁 |
| 一三四 | 一 | 毋 | 母 |
| 一三四 | 六 | 裏 | 裹 |
| 一三四 | 九 | 手 | 乎 |
| 一三四 | 九 | 賽 | 搴 |
| 一三八 | 十一 | 捍 | 悍 |
| 一三七 | 九 | 競 | 兢 |
| 一三八 | 十一 | 嚮 | 響 |
| 一三八 | 八 | 烟 | 烟 |
| 一三八 | 八 | 熳 | 漫 |
| 一三八 | 十一 | 草枯 | 枯草 |
| 一三九 | 一 | 戾 | 處 |
| 一三九 | 三 | 爲 | 無 |
| 一三九 | 五 | 輕 | 輜 |
| 一三九 | 十一 | 警 | 讋 |

| 葉數 | 行數 | 誤字 | 正字 |
|---|---|---|---|
| 一三九 | 十三 | 觀 | 歡 |
| 一四〇 | 五 | 余 | 今 |
| 一四〇 | 九 | 着 | 看 |
| 一四〇 | 十 | 手 | 乎 |
| 一四一 | 八 | 耳 | 更 |
| 一四一 | 八 | 增月 | 目蝦 |
| 一四一 | 九 | 虛無默 | 虛無為 |
| 一四二 | 三 | 宣 | 軒 |
| 一四二 | 八 | 抄 | 杪 |
| 一四二 | 十 | 裏 | 裹 |
| 一四三 | 九 | 悅 | 恍 |
| 一四四 | 十 | 車同 | 同車 |
| 一四五 | 一 | 膜 | 獵 |
| 一四五 | 一 | 貓 | 尤 |
| 一四五 | 一 | 千 | 于 |
| 一四五 | 三 | 崇 | 祟 |
| 一四五 | 七 | 待 | 侍 |
| 一四六 | 一 | 維拉下 | 脫伏字 |
| 一四六 | 三 | 斷拉 | 攔拉 |
| 一四六 | 四 | 少 | 虵 |
| 一四九 | 四 | 被 | 彼 |
| 一四九 | 八 | 志槩 | 志乘 |
| 一五〇 | 三 | 舊口 | 舊几 |
| 一五〇 | 三 | 搭餅 | 搾餅 |
| 一五〇 | 四 | 遷 | 遴 |
| 一五〇 | 四 | 紈子 | 狷子 |
| 一五〇 | 十 | 雖 | 雖 |
| 一五〇 | 十三 | 繼 | 辟 |

| 頁數 | 行數 | 誤字 | 正字 |
| --- | --- | --- | --- |
| 一五一 | 一 | 義 | 我 |
| 一五一 | 二 | 度幾 | 庶幾 |
| 一五一 | 二 | 各吾 | 各君 |
| 一五一 | 三 | 其將 | 夫將 |
| 一五一 | 十 | 播 | 婦 |
| 一五一 | 十一 | 江于 | 江干 |
| 一五一 | 十三 | 我字下 | 脫浙字 |
| 一五二 | 二 | 屆 | 居 |
| 一五二 | 八 | 有 | 一 |
| 一五二 | 十二 | 之 | 云 |
| 一五二 | 十三 | 僧 | 儈 |
| 一五三 | 八 | 蹼 | 撲 |
| 一五三 | 十一 | 全流離離 | 全浙流離 |
| 一五三 | 十二 | 離 | 雖 |
| 一五三 | 十二 | 早 | 畢 |
| 一五三 | 十二 | 驗 | 驟 |
| 一五四 | 二 | 相 | 柚 |
| 一五四 | 五 | 前 | 最 |
| 一五四 | 六 | 揚 | 楊 |
| 一五四 | 七 | 框 | 梃 |
| 一五四 | 七 | 端 | 瑞 |
| 一五四 | 八 | 栗栗 | 戰栗 |
| 一五四 | 十一 | 中祖獨來 | 中夜獨坐 |
| 一五四 | 十一 | 思 | 鬼 |
| 一五四 | 十二 | 父 | 艾 |
| 一五四 | 十二 | 攖 | 甌 |
| 一五五 | 二 | 之 | 云 |
| 一五五 | 十一 | 無毋 | 無字贅 |

| 頁數 | 行數 | 誤字 | 正字 |
| --- | --- | --- | --- |
| 一五六 | 六 | 民二千 | 民一千 |
| 一五六 | 七 | 柰 | 耐 |
| 一五七 | 一 | 鳴 | 嗚 |
| 一五七 | 四 | 泊泊 | 汨汨 |
| 一五八 | 十一 | 丕丕 | 秠秠 |
| 一五九 | 二 | 如 | 各 |
| 一五九 | 三 | 寇 | 冠 |
| 一五九 | 九 | 疎 | 歸 |
| 一六〇 | 八 | 慨 | 慷 |
| 一六〇 | 十 | 爲 | 如 |
| 一六一 | 二 | 死字上 | 脫上字 |
| 一六一 | 二 | 灹台 | 燕台 |
| 一六一 | 五 | 四日字 | 皆日字之誤 |
| 一六一 | 九 | 有 | 皆 |
| 一六二 | 四 | 惱 | 腦 |
| 一六二 | 六 | 浸浸 | 駸駸 |
| 一六三 | 六 | 烏敵 | 烏敬 |
| 一六二 | 七 | 鼑 | 鼎 |
| 一六二 | 七 | 興 | 與 |
| 一六四 | 十一 | 济 | 汧 |
| 一六五 | 九 | 仕 | 江 |
| 一六六 | 五 | 核 | 曉 |
| 一六六 | 八 | 廼 | 迴 |
| 一六九 | 六 | 日 | 曰 |
| 一六九 | 九 | 得不下 | 得字贅 |
| 一七二 | 四 | 卮 | 陳 |
| 一七二 | 五 | 諸 | 卮 |
| 一七五 | 二 | 巵 | 卮 |

# 新民叢報第二十七號目錄

二月十四日定期發行




發行所 橫濱山下町百五十二番 新民叢報社

# 浙江同鄉會贊助員 名譽贊成員 會員續捐題名

謹依來函先後爲序

| | |
|---|---|
| 經叔偉 仲濤 季衡君 | 捐日金拾伍圓（前期誤登入墊欵內特此聲明） |
| 沈養源 新三君 | 捐墨銀伍拾圓 |
| 許炳堃君 | 捐日金五圓 |
| 周恩綸君 | 捐日金五圓 |
| 謝良翰君 | 捐日金五圓 |
| 陳訓正君 | 捐日金五圓 |
| 洪彊君 | 捐日金五圓 |
| 孫錦瞻君 | 捐日金五圓 |
| 許誠君 | 捐日金五圓 |
| 池涵光君 | 捐日金五圓 |
| 吳敦禮君 | 捐日金拾圓 |

本會創辦伊始荷蒙海內外同鄉諸君樂助多金無任感激合亟誌此鳴謝

浙江同鄉會幹事謹啓

# 浙江同鄉會簡章

## 第一章　定名

是會爲吾浙留學生及官紳之游歷或寄居日本者所組織故曰浙江同鄉會

## 第二章　宗旨

以篤厚鄉誼爲主

## 第三章　義務

（甲）對待會內之義務

一凡會友有疾病事本會有救助之義務

一凡會友有無故爲人毀損名譽事本會有力爭之義務

一凡會友於私德上有關礙公共名譽事本會有勸戒之義務

一凡會友有困難事須得公同扶翊者可由本人或同人報告幹事經幹事酌度事宜開臨時會集議視力所能爲竭力贊助

一鄉人初到海外者除會館例應招待外本會更盡招待之義務（會館招待章程另有告白）

（乙）對待會外之義務

一本會對待內地有輸進文明之義務

一本會對待會外之同國人有互相聯絡互相親愛之義務

## 第四章　事業

一本會出雜誌一種每月一回發行（雜誌另有專章）

一本會設調查部專調查浙省事宜（調查另有專章）

## 第五章　職員

本會設幹事員七人分掌各項事務

本會幹事員及責任表

| 幹事 | 員數 | 責任 |
|---|---|---|
| 庶務 | 三 | 一切庶務兼料儀 |
| 書記 | 一 | 紀事及一切往來信件 |
| 會計 | 一 | 銀錢收支並豫算一切用費 |
| 雜誌 | 一 | 總理雜誌事宜 |
| 調查 | 一 | 總理調查事宜 |

另設評議員參看第六章第二條

## 第六章　經費

一常年捐　會員每年輸常年捐銀三圓六角按月分收以充一切公費其冬夏兩次懇親會席料仍臨時籌集

一特別捐　本會因有雜誌調查等事業招待救助等義務須寬籌經費方足敷用望海內外士夫樂助捐金當

儲蓄妥實銀行以期推廣其捐數在十圓以上者本會公推爲贊助員五十圓以上者爲名譽贊成員百圓以上者爲本會評議員幷將姓氏爵里隨時謄登雜誌（評議員當本會開會集議時有提議及修補章程之權）

一墊欵　是欵專備雜誌用先由各會友籌墊俟雜誌消行後力能支持視其墊數之多寡按期陸續派還

一會中收捐事宜由各校自行公舉一人管理統於月終收齊彙交會計（不入校者逕交會計）逾期不繳會計有催索之權特別捐當隨捐隨繳或定期分繳亦可

一雜誌用費浩大遇有支絀時許支用會中存欵

一雜誌部獲有贏餘除提還墊欵外即爲會中公積

一本會一切支拂預金閱半年由會計報告一次即登本會雜誌中

## 第七章　會期

一本會每冬夏二季各開懇親會一次會所及日期由幹事報告下二條同

一本會每春秋二季各開茶話會一次

一本會有特別事由許開臨時會集議參看第三章甲之四

## 第八章　規則

（甲）　開會規則

一凡開會前三日由書記報告同人不得無故不到遇有疾病及回國或游歷等情須先時函告書記開會時由書記將會員姓氏榜示會所

一開會次序首由職員申說開會緣由次演說次提議

一凡演說員須將演說大旨留稿交書記錄存

一開會閉會時間久暫由職員臨時酌定

一凡開會閉會時間既經酌定後各會員不得逾時不到亦不得先時出席

（乙）　議事規則

一本會舉人決事均經公共集議參用投票舉手之法以多數爲準

一凡議一事須俟提出者及反對者各將已意表明然後公決是非既經多數決定後不得再以前事爭執

一凡演說及議事時不得雜沓諠譁

（丙）　辦事規則

一凡辦事人員既經公舉委以各事其各事之範圍內均聽其人自由處置有直行開辦之權

一凡辦事人員既經擔任各事不得放棄責任遇有疾病及回國或游歷等情許其臨時囑託代理期內一切責任仍由本人擔當

一各會員如有以辦事人所辦之事爲不滿意儘可函知其人或於開會時提出公議惟不得於會外訾議是非

### 附則

以上各條本會員須各遵守俟會事擴充於此章有未盡合宜處臨時修改刊入

壬寅冬十月本會同人公擬

# 浙江同鄉會調查部敘例

浙江同鄉會全體章程業於壬寅冬季刊行仍恐未盡週知特再附錄於此

孫子有言曰知已知彼百戰百勝諒哉言乎今我國一般志士殫精竭慮於歐學研究其政治法律教育軍事實業考察其山川文物風俗人情將移植其花以爲吾國莊嚴此其願力弘大雖獅象不足以方對然而新舊過渡時代於舊所素有者未能條分縷晰洞窺癥結則改革之際情形勿悉亂絲棼如何自而理此孫卿所謂擿埴索塗冥行者也目能察秋毫之末而不見輿薪耳能辨微蟲之吟而不聞鐘鼓彼馳騖八表愁遺一室者何以異是

外人之於國也有政府之調查會有民間之調查會大凡一團體之中苟其事於權利界有直接間接之關係者靡不有調查會甚且調查一事不惜集數多之人力糜浩大之欵項費濡滯之時日彼之視調查蓋如是其亟也以故一國之中上自朝政下逮民俗舉凡興一利剔一弊皆先有所根據不致瞀惑而無所措手重以報紙之發達事靡不載載靡不詳迺至竈養廝卒亦未嘗不手一紙目數行於茶前酒後絮絮譚國事國之暴富驟彊蓋有繇來非偶然也

然此猶曰於本國耳乃其旅居吾國雖人人無調查之職任然人人盡調查之義務軍機詭秘之策王公大臣躡足附耳而語置之於筐篋而加以扃鑰舉國無知者俄而電信繹絡交馳五洲逮彼旣下議院旣刋報牘乃復自海外傳至中國中國之人始稍稍獲有見聞事類此者殆不可以更僕數也至若地理政治經濟

軍事教育商業四萬萬人如幻如夢而外人釐然斅然若聚米蹟而辨黑白能力可謂大矣然此實不足駴詫其所以致此之原因則以旅居吾國者人人無調查之職任而人人盡調查之義務也公使領事其爲本邦所派遣者勿論揭櫫調查之名旅行探險者又勿論若商人若教士各有職業而悩於若有意若無意之頃心識筆記以報告其國則雖謂商人教士皆彼中之間諜可也若洋關稅司若學堂教習吾國聳多金齎重幣薰沐禮聘以致之來亦復於若有意若無意之頃心識筆記以報告其國則雖謂稅司教習皆彼中之偵探可也悲夫臥榻之側麕集無數之偵探間諜以鉤稽吾國事而爲主人翁者猶鼾睡隆隆大夢勿覺諮以地方之事瞠目結舌不知所對詎不大可哀乎且不惟全國之事勿稔己也即祖宗邱墓之鄉兒童釣游之地而亦勿稔詎不重可哀乎

故中國而不欲改革也如欲改革則必先於國中一切事物之性質之狀態而一一考察而一一研究知病之所在而後可下藥知弊之所在而後可興利否則沾沾焉持外國己成之模範以鑄印吾國固有合模範者要其不合之處必窒礙難通毋亦改革之一大缺點奚若先時預備之爲愈邪

先時豫備之策則調查是已然以中國之大東控吳越南矚湘粵西揖秦晉北朿燕齊幅幀如此其遼濶人事如此其襍遝欲爲全國之調查苟非政府之力殆未易答此問題無已則不得不縮小其圈綫而爲分省之調查此一圈綫中而一一考察而一一研究彼一圈綫中而一一考察而一一研究各疆其疆各人其人各事其事久之而疆與疆合人與人合事與事合疆無不治之疆人無不治之人事無不治之事而中國從

爲完全無缺之自治國矣是以吾浙江留學生之有同鄉會也應辦之事千名萬族必自調査全省十一府七十二州縣始夫以留學外國之人調査外國是其責矣兼及桑梓勢所未逮於是不得不出於囑託囑託之事能毋不能恆然且毅然斷然爲是者則以一省之中人人無調查之職任人人有調查之義務彼外人之克盡義務既如彼矣今欲與外人辨愛國性質之厚薄角文明程度之高下不揣檮昧敢剖心瀝血披肝瀝膽臨風九頓首謹告我東西浙一千數百萬同鄉曰諸君諸君毋以此舉爲不急也毋以此舉爲兒戲也毋以玆事體大恇怯瑟縮弗敢任也毋以公共之事與我無干涉也毋以爲空勞無益也毋存其名喪其實也毋始勔勸終疲薾也彼外人之克盡義務既如彼矣我東西浙千數百萬同鄉其諸有攘臂奮袂而起者歟其諸有攘臂奮袂而起者歟例如下

第一章　宗旨

第一節　調查全省鉅細事務爲將來地方自治之基礎

第二章　責任

第二節　凡屬同鄉會會員皆有調查之責

第三節　同鄉會會員不能自擧其職由各人囑託父兄戚友擔任

第四節　調查員區別擔任非擔任兩界擔任員如欲離省旅行或有別項事故應囑託人代理非擔任員不在此例如有未受囑託自願爲本部擔任者亦不在此例

第五節　俟將來各省調查會相繼設立凡屬流寓者有互相調查之責

第三章　辦法

第六節　於同鄉會會員中公舉總幹事一人管理全部調查事宜書記一人管理來往書信會計一人由同鄉會會計兼理

第七節　於同鄉會會員中每府公舉幹事一人管理一府調查事宜隨時與總幹事接洽

第八節　調查事刋登雜誌俾全省之人增長其智識閱歷

第九節　俟內地有人提倡於省城設立調查總會於府縣設立調查支會本調查部即與合幷

第十節　擔任調查員省城至少有十餘人府城至少有七八人縣城至少有四五人鄉鎮村市由省府縣囑託

第十一節　擔任調查員皆急公好義並不支領薪水

第十二節　竢同鄉會經費充足力能請人旅行探險實地調查屆時自當議給公費

第十三節　於省城設立受函總所於府城設立受函分所凡一府內函件寄交受函分所更由分所寄交總所總所交日本郵便局直寄本部願自行寄與囑託人者聽

第十四節　調查員函件寄交受函處於有郵便局處請由郵便局遞寄無郵便局處信資自行付給受函處登錄簿記於年終核計其函數多寡照數津貼如不願津貼者移其應得之數捐入同鄉會以表彰其

第十五節　竢受函所既有定處即刋登上海日報俾衆周知

第十六節　擔任調查員贈全年雜誌一份代本部受函人並兼調查贈全年雜誌一份

第十七節　調查事刋入雜誌同人越在海外未易擇別如閱者以爲未盡詳實能舉詳細情形告知視事件之緩急大小酌贈東西洋圖籍藉酬高誼

第十八節　凡於調查部効力同志如有需購圖籍儀器及學校各式用品本部可任代辦之勞

## 第四章　規則

第十九節　區別調查事爲普通專門兩界不拘一格爲普通調查自任一事或數事爲專門調查凡專門調查者可由擔任員轉輾囑託總期多多益善衆擎易舉

第二十節　本部調查非如新聞記者及志書局之採訪使可比調查事刋入雜誌非如有聞必錄者可比詳贍確當斯爲切實有用之調查

第二十一節　調查事件應列表者列表應繪圖者繪圖其有繁重不能繪者用泰西撮影法以影片郵寄(該價照數償還)

第二十二節　雜誌中每期須有揷畫數頁凡內地流傳照片其人其地其事於本省有關係足資觀感者調查員應搜求購寄如無流傳視其可照者出資自照之(該價照數償還)

第二十三節　凡調查員之爵里姓氏概不宣布（稿件中願自署名者聽惟別字未便刊登）如有事關秘密調查無論何人詢問調查員姓氏本部有隱諱勿告之權

第二十四節　調查錯譌之處凡我浙人皆有檢舉之責儘可移函辯論惟須實有碻據無取摭拾風聞滋生歧說

第二十五節　凡調查員惠寄稿件無論登與不登概不璧還

## 第五章　綱目

第二十六節　鉅細調查事件區別總綱爲十四類子目爲一百數十類

（甲）歷史凡非現今時代之事物入此類

●地理上之歷史●社會上之歷史●物產上之歷史●工業上之歷史●商業上之歷史●經濟上之歷史●農務上之歷史●軍事上之歷史●教育上之歷史●政治上之歷史●刑法上之歷史●交通上之歷史●鼎革時代之歷史●歷史上之人物（流寓附）

（乙）地理

●沿革大略●山脈起迄●江河流域●道路之通塞●陸軍險要地●海軍險要地

●海洋｛里程　闊狹　深淺｝……｛▲島峽▲沙綫　▲礁石▲風濤｝

（丙）社會

●戶口多寡之概略●人民智愚之概畧●人民强弱之概畧●地方貧富之概略●人民之營業及生計●人情風俗之狀態●一鄉特別之惡俗（如溺女之類）●一鄉之望族巨室（▲有權勢▲無權勢）●一鄉之富戶（▲有權勢▲無權勢）●地方自治之規則●家族自治之規則●善堂義舉之組織●乩壇●大寺院及庵廟（▲香火之衰旺▲財產之盈絀▲（動產▲不動產）▲僧侶之多寡▲）●秘密會之派別及權勢●客民（▲籍貫▲戶口▲與土著相安不相安之實情）●著名盜夥（▲同黨之多寡▲頭目之姓氏履歷▲根據地之所在▲勢力所及之圈綫▲）●著名地棍（於地方上有權勢者）●洋烟室（▲室內烟燈之多寡數▲逐日售出之烟膏數）●娼妓院（▲官妓▲土娼（舉其人數及生涯之盛衰））●賭博場（▲何種賭博最盛（鬬鵪鶉鬥蟋蟀亦入博類）▲輸贏之大小）

（丁）物產

●動物……
- 鱗族
- 毛族
- 羽族
- 介族

●植物……
- 菸葉類
- 穀食類
- 卉木類
- 蔬果類
- 藥材類

●雜物……
- 日用品
- 飲食品

●礦產……
- 金類
- 非金類

……
- 將開採
- 已開採
- 未開採

……
- 人工開採
- 機器開採

……
- 華洋合股
- 官商合股
- 官辦
- 商辦
- 商借洋股
- 洋欵獨辦

（戊）工業

●工人之組合●手工製造（▲自造▲仿造）●機器製造（▲自造▲仿造）●改良製造●新式製造●女工製造

●工廠（▲成立年月▲資本之厚薄▲內容工人之多寡▲歷年盈絀之實數▲官辦▲商辦▲官商合辦▲華洋合辦▲洋商獨辦）

## （己）經濟

●地丁漕糧之收入數●釐金之收入數●釐金裁後之現象●鹽釐之收入數●各種雜稅之收入數●庚子以後加捐之收入數●藩庫運庫道庫之貯藏數一年分四季比較●徵解北京之支出數●徵解別省之支出數●本省自用之支出數●歷年攤派賠欵數●各種官欵儲積地方之實數●民間各種公積之實數（▲迎神賽會之公積▲工商業會館之公積▲善擧之公積▲家族祠廟之公積）●一鄉富戶之家財（▲動產▲不動產）

## （庚）商業

●全省商務組織之機關●各業之組合●市塲之盈虛消息●鹽商之組合●鹽務上種種內情及現象●絲茶上種種內情及現象●輸出外國貨之品類及價值●外國輸入貨之品類及價值●浙商在海外貿易之情形●各業會館自治之規則●著名大莊號（▲貿易之大小年終統計▲歷年之贏絀年終統計）●大莊號之開閉並其有關係者●鴉片烟之銷數（▲本國產▲外國產）

## （辛）農務

●成熟田之畝數●荒田之畝數（▲已開墾▲未開墾）●新漲沙田隨時登記其畝數●田價之等差●土地燥濕之區別●種植之宜忌●蓄牧之宜忌●水旱災祲●水利及堤防之興廢●蠶桒所占地畝之實數●森林之衰旺●桑田之多寡每年採葉若干擧其中數●蠶種之優劣●飼養法之異同●飼蠶戶口之多寡歷年比較

（壬）軍事

●營制（▲一營之人數▲駐紮地▲陣式之異同▲統領官之姓氏履歷▲兵之籍貫）●兵器（▲舊式槍礮▲新式槍礮）●兵力（▲可用▲不用可）●旗兵駐防（營制兵器兵力同上）●團練（營制兵器兵力同上）●軍械貯藏（▲貯藏之地▲貯藏之數）●礮臺（▲形勢▲管理職員▲槍砲彈藥）●礮船（▲兵數▲駐紮地▲統帶官▲槍砲彈藥）●兵輪（▲噸數▲兵數▲砲數●艘數▲造成年月（中國自造外國代造））

（癸）教育

●腐敗教育之真相●改良教育之真相

●學校……｛私立 官立｝……｛管理人及教習之爵里姓氏 設立年月 校用經費 校內科目 校用課本 生徒實數｝

●書院（▲已改學堂▲未改學堂）●學會（▲發起人爵里姓氏▲經費▲事業▲會中人數）●藏書樓（▲官辦▲紳辦▲圖籍多寡）●報館（▲創辦人▲主筆▲銷數▲宗旨）

●閱報社●新書銷行暢滯之概略●報紙銷行之多寡數歷年比較●大小考試之多寡數歷年比較

（子）政治

●全省政治組織之機關●現今官吏之政策（▲對內▲對外）●舊政之停能●新政之舉行●各大憲之幕僚（▲行爲▲權勢）●官場之種種活劇●吏胥舞弊之真相

（丑）刑法

●各府縣訴訟法之異同●監獄犯人之多寡一年分四季核數●死罪犯人之實數年終統計●重大案件●訟事上之種種陋規積習●一鄉著名之訟師（有權力者）●一縣內何種訟事爲多

（寅）交通機關

●郵信（官設 民設 外人自設）……（往來書信數目年終統計 計贏絀數年終統計）●航路（▲里程之起迄▲停泊之處所▲舊有及新開）●航船戶之組合●汽船（官款組合 華商組合 洋商組合）（贏絀數年終統計 載重噸數…… 艘數…… 來往次數年終統計）●電信（▲電局設立之處所▲管理職員▲各局收入之電費▲電綫經行之里程）●鐵道（已經開築 未經開築）（鐵軌經行之里程▲停車塲）（官辦▲華洋商合辦▲官商合辦▲洋商獨辦）●通商口岸（▲外人居留之多寡數▲開埠之起原及現象▲居留地之界址）

（卯）現今大勢

●與別省直接間接之關係●交涉要案●外人注意所在●外人侵入之勢力……（客籍之勢力 教會之勢力…… 商人之勢力）……（天主耶蘇禮拜堂之多寡數 敎民之多寡數）

第二十七節　省中亟需調查事略擬條目闕漏尚多仍俟調查員隨時隨地自紓高見不爲例拘以期完全無缺

本部受函處暫設於日本東京神田區駿河臺鈴木町十八番地支那留學生會館如承惠寄稿件可由會館轉交浙江同鄉會調查部領收

# 湖北學生界第三期目錄預告（三月朔日）發行



定價 全年二元 ◎半年一元一角 ◎零售二角

郵稅照加 總經售處 上海國民叢書社 武昌中東書社

# 直說第二期目錄




本報自癸卯正月望日出第一期以後即按每月望日發行在東同人可向本社函索即當按期寄送在本國者可向各代售處購索全年大洋一元半年八角零售一角五分郵費按地遠近酌加若內地有願任本社代派者以八折計算但報資必須先惠本社或總經售處方便郵寄

總發行所　直說編輯社
日本神田袋町九番地

總經售所　楊星北先生
天津北馬路名賢書畫局